Hans Horst Fröhlich

Kneipps Kräutergärten

Kosmos

Frisch geerntete Heilpflanzen vor ihrer Weiterverarbeitung im Kräuterlabor

Im Herbst leuchten am Wildrosenstrauch die roten Hagebutten.

Inhalt

Apotheken-Bronze-Mörser

4

Sebastian Kneipp – der Wasserdoktor

Kräuterwissen und kalte Güsse

„Ich habe viele Jahre mehr mit Kräutern als mit Wasser kuriert und dabei die schönsten Erfolge erzielt."

Sebastian Kneipp (1821–1897)

Neben den Elementen Wasser, Bewegung, Ernährung und Lebensharmonie stehen Heilpflanzen und Kräuter im Zentrum der Kneippschen Gesundheitslehre. Durch ihren ganzheitlichen Ansatz ist diese Präventiv- und Heilmethode heute so aktuell wie damals zu Kneipps Lebzeiten.
Bei der Wahl der Heilmittel schöpfte der seit Mai 1855 in Bad Wörishofen wirken-

Pfarrer Kneipp's Sprechstunden waren immer gut besucht. (Georg Sauter 1895, Original Geno Bank Bad Wörishofen)

Der Kreuzgang im Dominikanerinnenkloster – Weg zwischen Andacht und Refektorium

de Pfarrer Sebastian Kneipp aus dem reichhaltigen Naturschatz seiner heimatlichen Umgebung, dem Allgäu. Er nutzte die altbewährten Heilpflanzen und Kräuter der Kloster- und Bauerngärten für Tees, Tinkturen, Salben und andere Zubereitungen.

Altbewährte Heilpflanze: Spitzwegerich

KALTES UND WARMES WASSER

Die belebende Kraft des Wassers erfuhr Kneipp 25-jährig am eigenen Leib, nachdem er an einer schweren Lungentuberkulose erkrankt war.

Wasser – das belebende Element einer Kneipp-Kur

Im Frühjahr 1849 entschloss er sich, doch einmal die in einem kleinen Büchlein gesammelten Ratschläge einer Wassertherapie auszuprobieren, verfasst vom Schweidnitzer Arzt Johann Siegmund Hahn im Jahre 1743.
Und tatsächlich: Mit kurzen Tauchbädern in der winterkalten Donau bei Dillingen konnte der Theologiestudent Kneipp im Frühjahr 1849 den eigenen Heilungsprozess nachhaltig fördern. Diese Erfahrung und weitere Behandlungserfolge untermauerten seine Erkenntnis, dass sich die Selbstheilungskräfte des menschlichen Organismus durch abwechselnde Warm- und Kaltreize mit Wasser positiv anregen lassen.

FÜNF ELEMENTE – EIN GANZHEITLICHES PRINZIP

Heute gilt Kneipp als Pionier der Selbstbehandlung und als früher Vertreter des modernen Wellness-Gedankens. Seine klassische Aktiv-Therapie kombiniert Güsse und Bäder in kaltem und warmem Wasser mit ausreichend Bewegung in frischer Luft - beides begleitet durch die wohltuende Wirkung von Heilpflanzen und Kräutern. Die Kneipp-Kur wird unterstützt durch eine gesunde, ausgewogene Ernährung und eine positive und harmonische Lebenseinstellung.
Ziel dieser Gesundheitsvorbeugung ist es, einen persönlichen Weg zu Wohlbefinden und Ausgeglichenheit zu finden, so dass die Balance zwischen Phasen körperlicher oder geistiger Anspannung und den notwendigen Erholungsphasen wieder stimmt. Die sanften Reize können dabei Starkes bewirken.

TIPP: „Kaum ein Umstand wirkt schädlicher auf die Gesundheit als die Lebensweise unserer Tage. Es muss ein Ausgleich gefunden werden, um die überanstrengten Nerven zu stärken und ihre Kraft zu erhalten."

Gelbe Ringelblumenblüten und frische Kräuter im Salat schmecken und tun gut!

Rad fahren, Wandern, Schwimmen – viel Bewegung gehört zur Kneipp-Philosophie.

DIE FÜNF ELEMENTE DER KNEIPPSCHEN GESUNDHEITSLEHRE

Warme und kalte Wasseranwendungen in unterschiedlicher Form: Wassertreten, Güsse, Waschungen, Bäder, Wickel, Packungen.

Viel Bewegung an der frischen Luft: Wandern, Radfahren, Golf, Tennis, Reiten, Inlineskaten, Joggen, Schwimmen.

Kräuter und Heilpflanzen: als Tee, Pflanzensaft, Kräutertabletten, Dragees, Salben, Öle, Bäder.

Gesunde und ausgewogene Ernährung mit weitgehend naturbelassenen Zutaten – Gewürze, wenig Zucker, wenig Fett.

Ausgeglichenheit und Harmonie durch eine positive Grundhaltung dem Leben gegenüber.

ken: eine Waschung, ein ausgedehnter Spaziergang, ein Gewürz, ein mildes Heilkraut.
Harmonie bewahren inmitten von Reizüberflutung, Alltagsstress und Hektik war ein besonderes Anliegen des Seelsorgers Kneipp: „Erst als ich daran ging, Ordnung in die Seelen meiner Patienten zu bringen, hatte ich vollen Erfolg."

MASSVOLL LEBEN – NICHT ASKETISCH

Der „Wasserdoktor" war selbst keineswegs Kostverächter. Er war vielmehr ein verständnisvoller Menschenfreund, der zwar ein maßvolles, jedoch keineswegs asketisches Leben führte und forderte. Einer seiner Grundsätze lautete: „Der Weg zur Gesundheit geht durch die Küche. Und was nun die Kost betrifft, so soll eine solche gewählt werden, welche gesund, nahrhaft und leicht verdaulich ist."
Sebastian Kneipps Ansprüche an eine ausgewogene Ernährung stimmen mit den Empfehlungen der modernen Ernährungswissenschaft überein: Frische, naturbelassene Lebensmittel, wenig Zucker, wenig Fett, Vollkornbrot, viel Gemüse und Obst werden für die Zubereitung vollwertiger, leichter und vielseitiger Mahlzeiten bevorzugt. Zusätzlich gestattet er den maßvollen Umgang mit Genussmitteln wie Kaffee oder Alkohol.

Duft und edler Charme: „Sebastian-Kneipp-Rose"

VOM HERBULARIUM ZUM KNEIPPSCHEN KRÄUTERGARTEN

Bis ins hohe Mittelalter wurde das Wissen um die heilende Kraft der Kräuter und Arzneipflanzen in Klöstern gepflegt und weitergegeben. Auf alten Plänen (um 820 n. Chr.) des Klosters St. Gallen ist der Grundriss eines idealen Klostergartens in Form einer dreiteiligen Gartenanlage dokumentiert: Baumgarten, Gemüsegarten sowie ein separater Kräutergarten, das Herbularium, mit 16 verschiedenen Pflanzenarten. Mit der Renaissance begann die große Zeit der geometrischen Schaugärten und der kunstvoll kolorierten Pflanzenbücher. So erschien 1543 in Basel das „New Kreüterbuch" des Leonhart Fuchs mit fast 900 Seiten und über 500 hervorragenden Pflanzenzeichnungen. Durch die Entdeckungsfahrten kamen neue Gewürz- und Heilpflanzen aus Amerika und den fernöstlichen Regionen nach Europa.

DIE HAUSAPOTHEKE IM BAUERNGARTEN

Im 19. Jahrhundert drohte das überlieferte Kräuterwissen durch die immensen Fortschritte in der Chemie und Pharmazie allmählich in Vergessenheit zu geraten. Doch im ländlichen Raum blieben Hausgärten traditionell eine unverzichtbare Einrichtung zur Selbstversorgung mit Obst und Gemüse, Kräutern und Heilpflanzen. Die Kenntnisse über die Verwendung der verschiedenen Kräuter bei leichteren Beschwerden waren allgemein verbreitet.
Auch die Mutter Sebastian Kneipps machte ihren Sohn mit diesem Erfahrungsschatz vertraut und jener vertiefte seine Kenntnisse später durch eigene Erfahrungen. Er besaß eine ausgeprägte Beobachtungsgabe, wissenschaftliche Neugier, analytischen Verstand und die Fähigkeit, Erkenntnisse praktisch umzusetzen und markant zu formulieren: „Der Herrgott ließ die Kräuter der Erde nicht umsonst wachsen. Er wollte, dass man sie gebrauchen lernt und damit die Übel und Krankheiten in unserem Dasein verhindert, lindert und heilt."

Ein Bauerngarten: Kräuter für die Küche und die Hausapotheke

SEBASTIAN KNEIPPS HEILKRÄUTERSCHATZ

In seinem 1886 erschienenen Ratgeber „Meine Wasserkur" beschreibt Kneipp 47 verschiedene Heilpflanzen, die zur Zubereitung von Tees, Tinkturen, Pulvern oder Ölen verwendet werden können. Er kannte und schätzte die Pflanzen der Kloster- und Bauerngärten; der Kneippsche Kräutergarten ist daher ein Abbild jener traditionellen Hausgärten, die immer auch als Hausapotheke dienten.

Der nach historischem Vorbild angelegte „Kneipp-Kräutergarten“ in Bad Wörishofen

Zusammen mit seinem Würzburger Apothekerfreund Leonhard Oberhäußer erweiterte Sebastian Kneipp systematisch seine Kenntnisse über die Anwendungen und die wirkungsvollste Zubereitungsform der unterschiedlichen Heilpflanzen. Kneipps Zuordnung dieser Pflanzen zu einzelnen Anwendungsbereichen finden sich beinahe vollständig in den Monographien der Kommission E des Bundesamtes für Arzneimittel und Medizinprodukte bestätigt.

INHALT EINER KLEINEN HAUSAPOTHEKE

Sebastian Kneipp „Meine Wasserkur“ (1886)

I. Tinkturen von
Arnica, Enzian, Heidelbeeren, Rosmarin, Wachholderbeeren, Wegwart, Wermuth

II. Thee von
Angelika, Anserine, Attich, Augentrost, Baldrian, Bitterklee, Brennessel, Dornschlehblüthen, Eibisch, Eichenrinde, Erdbeeren, Hagebutten, Hollunder, Huflattich, Johanniskraut, Kamille, Lindenblüthen, Lungenkraut, Malve, Minze, Mistel, Raute, Rosmarin, Salbei, Schafgarbe, Schlüsselblume, Spitzwegerich, Tausendgüldenkraut, Veilchen, Wachholderbeeren, Waldmeister, Wegwart, Wermuth, Wollkraut, Wühlhuber, Zinnkraut

III. Pulver von
Alaun, Aloe, Angelika, Attich, Augentrost, Baldrian, Fenchel, Foenum graecum, Huflattich, Leinsamen, Minze, Salbei, Santala, Wermuth, feinem Knochenpulver, Kohlenstaub, Kreidemehl

IV. Oele von
Anis, Fenchel, Kampher, Raute, Wachholderbeeren

ferner
Mandelöl, Nelkenöl, Salatöl, Spicköl

Pflanzenporträts von A–Z

Sebastian Kneipps Kräuterapotheke

„Mit jedem Schritt in der herrlichen Natur begegnen wir immer neuen Pflanzen, die für uns höchst nützlich und heilbringend sind."

In diesem Kapitel wollen wir Ihnen einige der Heilpflanzen vorstellen, die der Pfarrer Sebastian Kneipp in seinem Kräutergarten versammelt hätte. Diese Pflanzenporträts sind alphabetisch nach botanischen Namen sortiert, sie wurden um aktuelle Heilpflanzen wie Artischocke, Nachtkerze, Ginkgo und Mariendistel ergänzt. Neben gärtnerischen Anbautipps finden Sie jeweils auch Informatio-

Ein Traum von einem Kräutergarten

nen zur arzneilichen Verwendung (nach den Angaben der Positivmonographie der „Kommission E“ und dem derzeitigen Stand der Wissenschaft).
Die therapeutische Anwendung pflanzlicher Zubereitungen sollten Sie in jedem Fall vorab mit Ihrem Arzt oder Apotheker abklären, damit keine unerwünschten Neben- und Wechselwirkungen mit anderen Medikamenten auftreten. Besondere Vorsicht ist während der Schwangerschaft und Stillzeit sowie bei Säuglingen und Kleinkindern angebracht.

Die Schafgarbe ist eine typische Weiden- und Wiesenpflanze unserer Breiten.

SCHAFGARBE
Achillea millefolium

Mehrjährige Staude, 15–70 cm hoch.
Anbau/Pflege: Die anspruchslose Schafgarbe bevorzugt sonnige, trockene Standorte und ist ideal geeignet für Mischkulturen mit anderen Kräutern.

Die weißen bis leicht gelblichen Rispenblüten wiegen sich von Juni bis Oktober im Wind.

Reiseapotheke mit Tinkturen und Ölen

Die Aufzucht aus Samen ist relativ schwierig. Pflanzen Sie daher im Frühjahr lieber einige Jungpflanzen an einem sonnigen Platz mit rund 20 cm Abstand in ganz normale Gartenerde. Nach dem Zurückschneiden im Herbst lässt sich die Schafgarbe durch Teilung des Wurzelstocks einfach vermehren.
Ernte/Lagerung: Das blühende Kraut wird etwa eine Handbreit über dem Boden abgeschnitten und in Büscheln zum Trocknen aufgehängt.
Verwendung: Schafgarbenkraut enthält Bitterstoffe und ätherisches Öl mit dem Hauptwirkstoff Chamazulen. Schafgarbentee regt den Appetit und die Sekretion der Gallenblase an und hilft bei Magen-Darm-Beschwerden. Sitzbäder mit Schafgarbenkraut lindern schmerzhafte Krampfzustände im Unterbauch und entzündliche Hauterkrankungen.

KNOBLAUCH
Allium sativum

Ein- oder mehrjährige Zwiebelpflanze, 30–50 cm hoch.
Anbau/Pflege: Knoblauch zählt zu den Liliengewächsen und liebt ähnliche Bedingungen wie die verwandte Küchenzwiebel, *Allium cepa*. Die Vermehrung durch Zehen kann im Herbst (gibt größere Knollen) oder im März/April erfolgen. Man steckt die Knoblauchzehen an einem vollsonnigen Standort etwa 5 cm tief in aufgelockerten, nährstoffreichen Boden. Die Pflanze erblüht in Form des typischen Notenschlüssels. Aus den Blütenständen können sich Brutzwiebeln entwickeln.
Ernte/Lagerung: Nach dem Welken der Blätter werden die Zwiebeln ausgegraben und zum Trocknen an einem luftigen, schattigen Platz aufgehängt.
Verwendung: Neben ätherischem Öl enthalten die Sprosszwiebeln des Knoblauchs Alliin und dessen fermentative Abbauprodukte. Als Saft, Pulver oder Gewürz wirkt Knoblauch antibiotisch und antibakteriell. Regelmäßiger Verzehr wirkt vorbeugend gegen altersbedingte Gefäßveränderungen und Arteriosklerose. Leider teilen sich die schwefelhaltigen Inhaltsstoffe über Haut und Atemluft oft unangenehm duftend der Umwelt mit.

Knoblauch – fanatisch geliebt oder abgrundtief verabscheut

ECHTER EIBISCH
Althaea officinalis

Mehrjährige Staude, bis 150 cm hoch.
Anbau/Pflege: Der Echte Eibisch ist eigentlich eine Küstenpflanze, die feuchte, humusreiche und tiefgrün-

Zarte, rosarote Blüten zieren den Echten Eibisch.

dige Böden an sonnigen Standorten bevorzugt. Die zu den Malvengewächsen zählende, sehr dekorative Staude ist samtig behaart. Von Juni bis September trägt sie kurzstielige, rosaweiße Blüten. Sie entwickelt einen kräftigen, waagrecht kriechenden Wurzelstock.
Ernte/Lagerung: Von den Speicherwurzeln werden im Oktober/November Teilstücke abgetrennt und in kleine Stückchen geschnitten. Diese sollten möglichst rasch bei etwa 35 °C getrocknet und danach in einem dicht schließenden Behältnis aufbewahrt werden.
Verwendung: Die Schleimstoffe der Eibischblätter und -wurzeln wirken einhüllend und reizmildernd. Ein Kaltansatz aus Wurzelstückchen ergibt einen lindernden Trank, der besonders bei trockenem Reizhusten und bei leichten Entzündungen der Magenschleimhaut helfen kann. Äußerlich angewendet bessern sich Schleimhautreizungen im Mund- und Rachenraum.

ENGELWURZ
Angelica archangelica

Zweijährige, winterharte Staude, bis über 200 cm hoch.
Anbau/Pflege: Die zur Familie der Doldengewächse gehörende Engelwurz benötigt viel Platz. Besonders im zweiten Jahr sollte im Kräutergarten für sie ein großzügig bemessener Standraum von etwa 60 x 60 cm eingeplant werden. Die Aussaat kann noch im Spätsommer erfolgen.
Die Engelwurz wächst in sonnigen bis halbschattigen Lagen. Der Boden sollte feucht und nährstoffreich sein. Im Juli/August öffnen sich die kleinen, schwefelgelben bis grünlich-weißen Doldenblüten, welche angenehm nach Honig duften. Wegen ihrer eindrucksvollen Gestalt und Größe eignet sich die Engelwurz gut als Solitärpflanze für einen größeren Hausgarten.
Ernte/Lagerung: Die Wurzelstöcke werden im Herbst des zweiten Jahres geerntet, sobald die oberen Pflanzenteile abgestorben sind. Anschließend wird das Rhizom gereinigt, klein geschnitten, getrocknet und bis zum Gebrauch in dicht schließenden Gläsern oder Dosen gelagert.
Verwendung: Die Engelwurz gehört zu den alten Heilkräutern der traditionellen Volksmedizin. Sie wird vorwiegend bei leichten, krampfartigen Magen-Darm-Beschwerden eingesetzt. Große Mengen ihrer Wurzel (Foto, siehe Seite 14) werden zur Aromatisierung von Magenbittern, Kräuterschnäpsen oder Klosterlikören gebraucht.

Über zwei Meter hoch: rote Blütenstängel der Engelwurz

Die Wurzeln der Engelwurz enthalten ätherisches Öl, Cumarinderivate, Harze und Bitterstoffe.
Ein Tee aus Wurzelstückchen wirkt magenstärkend sowie krampflösend und gallentreibend.
Vorsicht: Beim Kontakt mit den oberflächlichen Teilen der Pflanze und bei Einnahme über eine längere Zeit können Furocumarine, die vor allem im Pflanzensaft enthalten sind, Überempfindlichkeitsreaktionen wie Hautreizungen und Entzündungen verursachen.

TIPP: Wegen der Verwechslungsgefahr mit dem giftigen Schierling sollten Sie Angelikawurzeln keinesfalls wild sammeln, sondern bei Bedarf lieber in Ihrer Apotheke danach fragen.

ARNIKA
Arnica montana

Mehrjährige Blütenpflanze, 20–60 cm hoch.
Anbau/Pflege: Für die seltene, unter Naturschutz stehende Alpenpflanze gilt ein strenges Sammelverbot – gute Staudengärtnereien führen meist *Arnica montana* oder verwandte Arten wie die nordamerikanische Wiesenarnika (*Arnica chamissonis*) aus Nachzuchten. Der Bergwohlverleih, wie Arnika auch genannt wird, liebt sonnige Standorte mit nicht zu trockenen, kalkfreien und mageren Böden. Von Juni bis August leuchten die typischen orangegelben Korbblüten mit den sehr großen Köpfchen. Sie sitzen auf meist unverzweigten Stängeln, die ein bis drei Paare gegenständiger, oval bis lanzettförmiger Blätter tragen. Der Anbau in Mischkultur mit anderen ein- oder mehrjährigen Kräutern ist möglich, sofern diese nicht zu hoch werden.
Ernte/Lagerung: Die Blüten werden ab Juni in der Regel vor der Mittagshitze geerntet, sobald sie sich voll entfaltet haben. Die Trocknung sollte schonend bei etwa 50 °C erfolgen. Anschlie-

Wermut mit hellgelben Blütenköpfchen

Wurzelstock von *Angelica archangelica*

ßend werden die Blüten trocken und kühl in einem dicht schließenden Gefäß aufbewahrt.
Verwendung: Arnikablüten und daraus hergestellte alkoholische oder ölige Extrakte dürfen nur äußerlich angewendet werden. In Form von Salben, Gelen, Sprays, Tinktur oder Öl können Arnikapräparate bei venösen Beschwerden und „schweren Beinen" helfen. Auf Grund der entzündungshemmenden, schmerzlindernden und antiseptischen Inhaltsstoffe ist Arnika bei rheumatischen Muskel- und Gelenkbeschwerden, stumpfen Verletzungen, Insektenstichen und Hautentzündungen wirksam.
„Arnika ist nicht mit Gold zu bezahlen", lobte Sebastian Kneipp die Arnikatinktur als „erstes Mittel bei Verwundungen".
Gelegentlich werden jedoch Kontaktallergien bei empfindlichen Menschen beobachtet.

WERMUT
Artemisia absinthium

Mehrjähriger Strauch, bis zu 120 cm hoch.
Anbau/Pflege: In der Natur findet man den Wermut bei uns gelegentlich an sonnigen Wegrändern oder Flussufern, ursprünglich ist er jedoch in Südeuropa und Kleinasien beheimatet. Charakteristisch sind die silbergrauen Härchen, die alle Pflanzenteile bedecken. Die ganze Pflanze duftet auf Grund zahlreicher Öldrüsen, die ätherisches Öl freisetzen, stark aromatisch. Wermut eignet sich gut als Kübelpflanze. Er legt Wert auf kalkhaltigen, nährstoffreichen Boden. Von Juli bis September erscheinen die gelben kugeligen Blütenstände.
Ernte/Lagerung: Nur die oberen Sprossteile sowie die Laubblätter werden als Droge verwendet. Die zarten Triebe sollten als Bündel getrocknet und dann trocken und vor Licht geschützt aufbewahrt werden.
Verwendung: Wermutkraut gehört zu den bittersten Pflanzen der Heilkunde, sein griechischer Name „absinthion" (Missvergnügen) weist darauf hin. Ein Teeaufguss schmeckt noch in der Verdünnung 1 : 15.000 deutlich bitter.
Als aromatisches Bittermittel regt Wermut die Magen-

TIPP: Die beliebten Wermutweine kann man allerdings auch weiterhin als verdauungsfördernden Aperitif unbesorgt genießen: Hier wird das schädliche Thujon inzwischen durch spezielle Extraktionsverfahren weitestgehend entfernt.

Arnika liebt Bergwiesen, Heiden oder lichte Wälder.

Die Birkenkätzchen blühen im zeitigen Frühjahr.

saftproduktion an, fördert so den Appetit, lindert Verdauungsbeschwerden und wirkt krampflösend auf die Gallenwege. Sein ätherisches Öl kann das nervenschädigende Thujon in verschieden hohen Konzentrationen enthalten. Da dieses vor allem in alkoholische Auszüge übergeht, ist in vielen Ländern die unkontrollierte Herstellung von Wermutbranntwein und -likören verboten. Wässrige, thujonarme Teezubereitungen sind daher zu bevorzugen – vom Dauergebrauch ist aber abzuraten.

BIRKE
Betula pendula, Betula pubescens

Mehrjähriger Laubbaum, sommergrün, bis zu 20 m hoch.

Anbau/Pflege: Birken sind typische Pionierpflanzen. Sie besiedeln Moorgebiete ebenso wie trockene Sandflächen an der Küste oder Felsspalten im Gebirge. Gerade die Hängebirke (*Betula pendula*) stellt keine speziellen Ansprüche an den Boden. Im Herbst kann sie an ein sonniges Plätzchen im Hausgarten gepflanzt werden. In wenigen Jahren wird sie sich dann zu einem stattlichen Baum entwickelt haben. Doch Vorsicht: Ihr flaches Wurzelsystem trocknet den Boden oberflächlich aus, so dass eine Unterpflanzung sorgfältig gewählt werden sollte.

Ernte/Lagerung: Die jungen Blätter werden im Frühjahr geerntet und schonend getrocknet. Frisch gepflückte Birkenblätter würzen Frühlingssalate oder Suppen.

Verwendung: Birkenblätter gehören traditionell in Teemischungen für eine entschlackende Frühjahrskur. Auf Grund der leicht wassertreibenden Wirkung eignen sich Birkenblättertee oder -saft zur Durchspülungstherapie bei entzündlichen Erkrankungen der Harnwege und sie wirken unterstützend bei rheumatischen Erkrankungen. Sie sollten dabei auf eine ausreichende Flüssigkeitszufuhr achten und viel trinken.

RINGELBLUME
Calendula officinalis

Einjährige Blütenpflanze, bis 50 cm hoch.
Anbau/Pflege: Die Ringelblume sollte an einem möglichst sonnigen Platz im Kräutergarten ausgesät werden. Dazu werden die Samen ab März/April im Beet reihenförmig ausgelegt (Abstand etwa 20 cm), mit Gartenerde zugedeckt und regelmäßig gegossen. Später die Pflänzchen noch einmal vereinzeln. Die Ringelblume wird sich dann an ihrem Standort jedes Jahr freigebig selbst wieder aussäen.
Die aus dem Mittelmeerraum stammende Heilpflanze galt früher als magische Blume, sie fehlte in keinem der traditionellen Hausgärten. Der deutsche Name bezieht sich auf die ringförmig eingerollten Einzelfrüchte. Ihre großen, orangegelben Strahlenblüten leuchten von Mai bis in den Oktober hinein.
Ernte/Lagerung: Frische Blüten für Salate oder für Salbenrezepte können Sie die ganze Saison über (Juni bis Oktober) pflücken. Zum Trocknen sollten Sie aber die voll geöffneten Hochsommerblüten (Juni/Juli) verwenden.
Verwendung: Getrocknete Ringelblumenblüten schmücken Teemischungen, peppen Sommersalate farblich auf oder dienen als farbenfrohe, essbare Tischdekoration.
Das in ihnen enthaltene ätherische Öl und die Flavone wirken antimikrobiell, entzündungshemmend und immunstimulierend. In Form von Heilsalben, Pflegecremes und Hautölen hei-

TIPP: Ringelblumen können Sie sowohl im Nutz- als auch im Ziergarten zwischen andere Pflanzen setzen – sie halten den Boden gesund, indem sie zum Beispiel schädliche Nematoden abwehren und der Bodenmüdigkeit vorbeugen. Geeignete Partner im Nutzpflanzenbereich sind Erbsen, Gurken, Kohl-Arten, Kohlrabi, Möhren und Tomaten.

Ringelblumenblüten öffnen sich bei Sonnenaufgang und schließen sich bei Sonnenuntergang.

Tausendgüldenkraut steht unter Naturschutz!

len sie Wunden und Verbrennungen - auch solche mit schlechter Heilungstendenz. Sie können außerdem bei Mund- und Rachenentzündungen helfen. Ringelblumencreme pflegt raue und beanspruchte Haut.

TAUSENDGÜLDENKRAUT
Centaurium erythraea

Einjähriges Enziangewächs, 10-50 cm hoch.
Anbau/Pflege: Tausendgüldenkraut wächst in der Natur an Wegrändern oder auf Lichtungen, vorwiegend an trockenen, sonnigen Plätzen. Es steht wie die meisten wilden Enzian-Arten unter Naturschutz. Setzlinge sind in guten Staudengärtnereien erhältlich.
Der Boden sollte nährstoffreich und eher basisch sein. Die zahlreichen sternförmigen, rosafarbenen Blüten erscheinen im Hochsommer ab Juli, sie öffnen sich aber nur bei sonnigem Wetter.
Der botanische Pflanzenname *Centaurium* bezieht sich ursprünglich auf den Zentauren „Chiron" aus der griechischen Sagenwelt. Später wurde dann falsch übersetzt mit „centum" (= 100) und „aurum" (= Gold) und sogar noch eine Null dazu geschummelt: „tausend Gulden" = Tausendgüldenkraut.
Ernte/Lagerung: Für Tees oder andere Anwendungen sollte Tausendgüldenkraut (*Centaurii herba*) am besten in der Apotheke besorgt werden.
Verwendung: Das elegante Tausendgüldenkraut ziert mit Sicherheit so manchen Kräutergarten. Es gehört zu jenen Pflanzen, die der junge Sebastian Kneipp schon früh kennen und schätzen lernte: „Der Name lautet auf hohe Summe, die Hilfe spendet das Kräutlein jedoch einem jeden umsonst. Als Heilmittel für Magenleiden müssen wir dem Tausendgüldenkraut die erste Note geben."
Da es ein reines Bittermittel (Amarum) ist, ist das Kraut ein fester Bestandteil von Schwedenbitter und anderen Bitterlikören. Als heißer, ungesüßter Teeaufguss sollte es bei Appetitlosigkeit 30 Minuten vor der Mahlzeit, bei Verdauungsbeschwerden erst nach dem Essen schluckweise getrunken werden.

WEISSDORN
Crataegus laevigata, Crataegus monogyna

Mehrjähriger, holziger (Hecken-)Strauch, mindestens 2-5 m hoch, winterhart.
Anbau/Pflege: Weißdornbüsche gedeihen gut auf lockeren, leicht lehmhaltigen Böden. Sonnige bis halbschattige Standorte werden bevorzugt. Durch kräftiges Zurückschneiden im Spätherbst oder Spätwinter lässt sich die Wuchsfreude dieses Rosengewächses an die Gegebenheiten vor Ort anpassen. Im günstigsten Fall können Weißdornsträucher bis zu 10 m hoch und über 500 Jahre alt werden. Das sehr harte Holz des Weißdorns wird von Drechslern, Pfeifenschnitzern und Künstlern gleichermaßen geschätzt.

Im Mai/Juni erscheinen zarte weiße Blüten, welche für unsere Nasen etwas unangenehm duften. Die essbaren, leuchtend roten Früchte, die zwischen August und Oktober reifen, werden nicht nur als Heildroge genutzt, sondern auch von der Vogelwelt als ergiebige Futterquelle angenommen.

Ernte/Lagerung: Die nussartig schmeckenden Blätter erntet man kurz nach der Entfaltung. Blütenknospen und frische Blätter verfeinern Salate oder Desserts. Die im Sommer frisch geernteten Früchte können gut in Gelees oder Marmeladen mit verwendet werden.

Weiß blühende Doldenrispen des Weißdorns im Mai

Im Spätsommer reifen die scharlachroten Beerenfrüchte.

Verwendung: Für die herzstärkende Wirkung sorgen vor allem die Inhaltsstoffe (Flavonoide) seiner Blätter und Blüten. Allerdings sollten die genauen Ursachen der Herzbeschwerden unbedingt von einem Arzt geklärt werden. Auf keinen Fall dürfen verordnete Medikamente eigenmächtig durch vermeintlich nebenwirkungsärmere Naturheilmittel ersetzt werden.

TIPP: Den Kreislauf stärken auch Wasseranwendungen, kontrolliertes Training und Gewichtsreduktion.

Der Speisekürbis trägt gelassen seine schweren Früchte. Die zahlreichen Samenkerne sitzen im weichen Fruchtfleisch.

KÜRBIS
Cucurbita pepo

Einjährige Gemüse- oder Zierpflanze, unterschiedlichste Sorten, Formen und Farben.

Anbau/Pflege: Aus den Samen lassen sich ab April Setzlinge im Topf vorziehen. Erst Ende Mai, nach den Eisheiligen, dürfen die Jungpflanzen ins Freiland ausgepflanzt werden. Kürbisse wachsen besonders gut auf nährstoffreichen Böden. Ein sonniger Standort müsste sich in der Nachbarschaft des Komposthaufens oder an einer Zaunecke des Gartens finden lassen. Regelmäßiges Gießen, reifer Kompostdünger und ein wachstumsfördernder Schnitt schaffen ideale Voraussetzungen für eine reiche Ernte im Spätsommer.

Ernte/Lagerung: Das Hauptproblem ist meist die enorme Größe dieser Beerenfrucht, weshalb die vorgesehene Weiterverarbeitung des Fruchtfleisches zu Suppe, Chutney oder süßsauer eingelegt als Mixed Pickles rechtzeitig vor dem Erntetermin geklärt werden sollte. Die gut getrockneten, essbaren Kürbissamen schmecken leicht angeröstet und gesalzen als Knabbersnack.

Verwendung: In der Medizin werden getrocknete Kürbissamen oder deren Extrakte vorwiegend als Kurmittel bei Prostatabeschwerden und Reizblase verabreicht.

Das tiefgrüne, nussartig schmeckende Kürbiskernöl wird inzwischen nicht nur in der Spitzengastronomie geschätzt. Zunehmend interessieren sich Mediziner für das hochwertige Öl als „zellschützendes“ Nahrungsergänzungsmittel mit einem hohen Anteil an Antioxidantien und mehrfach ungesättigten Fettsäuren.

ARTISCHOCKE
Cynara scolymus

Mehrjähriges Distelgewächs, frostempfindlich, bis zu 2 m hoch.

Anbau/Pflege: Die aus dem Mittelmeerraum stammende Artischocke wächst gut auf tiefgründigen, nährstoffreichen Böden. Ausgesät wird ab März unter Glas. Nach dem Pikieren in kleine Töpfe können die Pflänzchen dann ab Mitte Mai an windgeschützte, vollsonnige Standorte ins Freiland gebracht werden. Rund um das distelähnliche Gewächs sollten Sie etwa einen halben Meter Platz frei halten. Aus einer grundständigen Blattrosette wächst ein fleischig-robuster Stängel mit einer großen, endständigen Knospe empor. Bei Bedarf müssen die schweren Blütentriebe abgestützt werden. Spätestens im November sollten Sie die Triebe zurückschneiden und mit Erde, Stroh und Tannenreisig für einen guten Frostschutz sorgen. Nach drei bis vier Jahren können durch Teilung oder Aussaat neue Pflanzen herangezogen werden.

Stachelige Deckblätter umhüllen die Blütenknospe der Artischocke.

Ernte/Lagerung: Die als Arzneimittelrohstoff genutzten Blätter werden kurz vor der Blüte oder zum Zeitpunkt der Fruchtreife geschnitten. Für die Verwendung in der Küche werden die noch geschlossenen Blütenknospen mit Stiel abgeschnitten und in Salzwasser gedünstet. In Frankreich serviert man die unteren Teile der Hüllblätter und die Blütenbasis traditionell mit einer Vinaigrette oder einem sauren Dipp. In Italien werden Artischockenböden und kleinere Knospen meist essigsauer eingelegt und als appetitanregende Antipasti auf den Tisch gebracht.

Verwendung: Die Bitterstoffe und Flavonoide der getrockneten Stängelblätter wirken gallentreibend, verdauungsfördernd und schützen die Leber. Tee, Frischpflanzensaft oder standardisierte Extrakte helfen bei Appetitlosigkeit und Verdauungsbeschwerden. Darüber hinaus verbessern die getrocknete Pflanze und ihre Zubereitungen die Fettverdauung und senken dadurch die Cholesterinwerte im Blut. Die wohlschmeckende Gemüsepflanze beugt so Risikofaktoren vor.

Artischockenknospen

TIPP: Wenn man die Blütenköpfe der Artischocke mit Stängel trocknet, lassen sie sich gut für dekorative Gestecke und Trockensträuße verwenden.

Der Sonnenhut wird auch „Igelblume" genannt.

PURPURSONNENHUT
Echinacea purpurea

Mehrjährige Blütenpflanze, 80 - 100 cm hoch.
Anbau/Pflege: Der Purpursonnenhut ist ein wunderschöner, rosa- bis purpurfarben blühender Korbblütler (*Asteraceae*), der ursprünglich aus Nordamerika stammt. Er besitzt eine tiefe, senkrechte Pfahlwurzel und lange, dünne Stängel. Die unkomplizierte Pflanze benötigt einen frischen, nährstoffreichen Boden und idealerweise einen sonnigen, geschützten Standort. Sie blüht ausdauernd von Juli bis September.
Ernte/Lagerung: In Europa wurde *Echinacea* lange Zeit als reine Zierpflanze kultiviert, erst später als Heilpflanze auf besonderen Anbauflächen. Von *Echinacea purpurea* wird das Kraut (die oberirdischen Pflanzenteile) kurz nach dem Aufblühen geerntet und zu Presssaft verarbeitet.
Verwendung: Purpursonnenhut wurde von den Indianern als Antiseptikum verwendet. Deshalb wird sein Presssaft äußerlich zur Behandlung schlecht heilender, oberflächlicher Wunden angewendet. Innerlich genommen unterstützen die immunstimulierenden Wirkstoffe des Saftes oder seiner Zubereitungen die Behandlung von Erkrankungen der Atemwege oder der Harnwege und stärken zudem die körpereigenen Abwehrkräfte. Die Anwendungsdauer sollte allerdings acht Wochen nicht überschreiten.

SCHACHTELHALM
Equisetum arvense

Schachtelhalmgewächs mit ausdauerndem Wurzelstock, die grünen Sprosse werden 20 - 50 cm hoch.
Anbau/Pflege: *Equisetum arvense* ist eine der heute noch vorkommenden 32 Arten von Schachtelhalmgewächsen, die entwicklungsgeschichtlich sehr viel älter als unsere „neuzeitliche" Vegetation sind. Ihre Vorgeschichte reicht bis ins Karbon (etwa 300 Millionen Jahre v. Chr.) zurück.
Sie sollten Schachtelhalm nur durch ein Pflanzgefäß eingeengt in Ihren Garten aufnehmen, da er sich sonst unkontrolliert ausbreitet. Mit seinem bis zu 6 m tiefen Wurzelstock gehört er sicherlich zu den wuchernden Unkräutern. Deshalb dürfen Sie den Schachtelhalm beim Spaziergang unbesorgt am Wegesrand ausgraben und zu Hause an ein sonniges Plätzchen mit lehmigem Boden verpflanzen. Im Frühjahr schieben sich zunächst die unverzweigten, fertilen Sporenähren etwa 30 cm aus dem Boden hervor, ab Mai/Juni folgen dann die grünen Krautsprosse mit ihren quirlförmig abstehenden Seitentrieben und den typischen Blattknoten an den Haupt- und Seitenachsen.

Ernte/Lagerung: Für die Verwendung als Tee werden nur die grünen Sommersprosse des Ackerschachtelhalms zwischen Juni und August gesammelt und im Schatten getrocknet.
Verwendung: Früher gebrauchte man das so genannte „Zinnkraut" wegen des hohen Kieselsäuregehaltes als Poliermittel für Zinn und anderes Haushaltsgeschirr. Heute wird Schachtelhalmtee zur Durchspülung bei bakteriellen und entzündlichen Erkrankungen der Harnwege verwendet. Äußerlich beschleunigt ein Aufguss das Abheilen von Wunden.

Lebende Fossilien – Schachtelhalmgewächse besiedeln die Erde seit mehr als 300 Millionen Jahren.

Vorsicht bei Wildsammlung: Der verwandte Sumpfschachtelhalm (*Equisetum palustre*) ist giftig und darf keinesfalls verwendet werden!

MÄDESÜSS
Filipendula ulmaria

Mehrjährige, ausdauernde Staude mit kantigem Stängel, bis zu 200 cm hoch.
Anbau/Pflege: In der Natur wächst Mädesüß bevorzugt in Feuchtwiesen, Mooren oder an Wassergräben. Die sehr dekorative, strauchartige Pflanze, deren gelblichweißen, stark nach Honig duftenden Blütendolden schon von den Germanen als Aromaträger für die Metbereitung genutzt wurden, hieß mancherorts auch Wiesenkönigin oder Immenkraut. Sie braucht im Garten einen stickstoffarmen, feuchten Platz.
Ernte/Lagerung: Die Blütendolden werden im Juli nach dem vollständigen Aufblühen zusammen mit dem oberen Teil der Pflanze abgeschnitten und kopfunter zum Trocknen aufgehängt. Die abgestreiften Blüten werden am besten in einem darunter liegenden Tuch aufgefangen und dann kühl und trocken aufbewahrt.
Verwendung: Mit den getrockneten Blüten können nach historischem Vorbild

Die Germanen brauchten es für den Met: Mädesüß.

der Germanen Gelees, Fruchtsäfte, Fruchtwein oder Bowlen aromatisiert werden.
Das ätherische Öl der Mädesüßblüten (*Spireae flos*) enthält eine Mischung aus Salicylaldehyd und Salicylsäuremethylether mit antimikrobiellen, fiebersenkenden und wassertreibenden Eigenschaften. Mädesüßblütentee unterstützt daher die Behandlung fiebriger Erkältungskrankheiten und steigert die Harnausscheidung. Die Wirkstoffe des Mädesüß dienten zudem als pflanzliches Vorbild bei der Entwicklung des synthetischen Schmerzmittels Aspirin (Acetylsalicylsäure), daher Vorsicht bei Salicyl-Überempfindlichkeit.

Die grünlich-gelb leuchtenden Blütendolden des Fenchels sind von Juli bis Oktober eine gute Bienenweide.

FENCHEL
Foeniculum vulgare, Foeniculum dulce

Zwei- bis mehrjährige Kräuterstaude, etwa 100-200 cm hoch.

Anbau/Pflege: Bitterfenchel (*Foeniculum vulgare*) und Süßfenchel (*Foeniculum dulce*) sind winterharte, krautige Pflanzen, die in allen Teilen aromatisch süßlich-würzig duften.

Fenchel wächst bevorzugt auf lockeren, humusreichen Böden. Das Ausreifen der Samen wird durch einen sonnigen Standort begünstigt. Ab Ende April können Sie Fenchelsamen im Freiland mit einem Reihenabstand von mindestens 40 cm aussäen. Gegebenenfalls kann Gartenfenchel auch in einem größeren Topf mit nährstoffreicher Erde kultiviert werden.

Zum Überwintern sollten Sie die Pflanzen handhoch über dem Boden abschneiden und sie gut mit Fichtenreisig abdecken.

Ernte/Lagerung: Im zweiten Jahr können Sie dann im Spätsommer die halbmondförmigen Früchte ernten. Zunächst werden die ganzen Dolden abgeschnitten, in Bündeln hängend getrocknet und die reifen Spaltfrüchte anschließend in ein Tuch geschüttelt.

Verwendung: Mit angestoßenen Fenchelfrüchten kann man Kraut, Brot und Gebäck, Salate oder Käse würzen. Das Grün des Gemüsefenchels verfeinert Fischgerichte, Salate, Suppen und Soßen.

Die Früchte des Süßen und vor allem des Bitteren Fenchels regen die Milchsekretion an und lindern wirksam leichte, krampfartige Magen-Darm-Beschwerden mit Völlegefühl und Blähungen. In Husten- und Erkältungstees wird die schleimlösende Wirkung noch durch den antiseptischen und entkrampfenden Effekt ergänzt.

TIPP: Für die Zubereitung eines Tees (Tagesdosis: 5-7 g) und zum Würzen sollten Sie immer frisch angestoßene Fenchelfrüchte verwenden.

GINKGO
Ginkgo biloba

Zweihäusiger Baum, kann im Alter bis zu 30 m hoch werden.

Anbau/Pflege: Ginkgosamen wurden vor etwa 250 Jahren durch holländische Seefahrer aus China nach Europa gebracht und hier zunächst in botanischen Gärten kultiviert.

In seiner fernöstlichen Heimat gilt Ginkgo als Symbol für Zuneigung, Hoffnung, Unbesiegbarkeit und ein langes Leben. Er ist anspruchslos, was den Standort betrifft, und äußerst widerstandsfähig. Nur salzige Böden oder zu viel Streusalz von der Straße verträgt er nicht. Ein Ginkgobaum wächst langsam, nach 10 - 15 Jahren ist er etwa 5 m hoch. Vor dem Laubfall im Herbst verfärben sich seine Blätter goldgelb.

Die ungewöhnliche Form der Ginkgoblätter erinnert an einen Fächer.

Für den Hausgarten ist ein männliches Exemplar aus der Baumschule die erste Wahl, denn die mirabellenartigen Früchte des weiblichen Ginkgos können einen unangenehmen Geruch nach Buttersäure entwickeln - allerdings trägt ein Ginkgo erst nach etwa 20 Jahren erstmals Früchte.

Verwendung: Spezialextrakte aus getrockneten Ginkgoblättern werden vom Arzt zur Behandlung von Leistungsstörungen des Hirnorgans - wie Vergesslichkeit und Konzentrationsschwäche -, bei Schwindel, Tinnitus und bei Durchblutungsstörungen eingesetzt.

Blütenzapfen des Hopfen

HOPFEN
Humulus lupulus

Lianenartiges Hanfgewächs, zweihäusig, bis 6 m hoch, braucht Kletterhilfen.

Anbau/Pflege: Diese europäische Schlingpflanze wurde von Bier brauenden Mönchen früh in die Klostergärten geholt. Die Hauptblütezeit der weiblichen Hopfenpflanzen ist Juni bis September. Die charakteristischen Blütenzapfen zwischen den lang gestielten, rauhaarigen Blättern wachsen trotz ausbleibender Bestäubung zu Fruchtdolden heran.

Verwendung: Die Bitterstoffe der getrockneten weiblichen Blütenstände (Hopfenzapfen) wirken als Tee oder Extrakt entspannend und schlaffördernd bei Unruhe, Angstzuständen und Einschlafstörungen. In Kombination mit anderen beruhigend wirkenden getrockneten Pflanzenteilen von Baldrian, Melisse, Passionsblume oder Lavendel wird diese Wirkung noch unterstützt. Hopfen kann man wegen seines ätherischen Öles auch für entspannende Badezusätze und zum Befüllen von Kräuterkissen verwenden.

TIPP: Für einen abendlichen Schlummertrunk übergießen Sie zwei Teelöffel Hopfenblüten mit heißem Wasser und lassen ihn etwa15 Minuten lang ziehen. An heißen Sommertagen können Sie sich stattdessen auch einen gut gekühlten, erfrischenden „Hopfentee mit Schaum" verabreichen - im Biergarten unter Kastanien sitzend.

Das goldgelb blühende Johanniskraut verträgt sich in Mischkulturen gut mit anderen Kräutern.

JOHANNISKRAUT
Hypericum perforatum

Mehrjährige Blütenpflanze, 40-80 cm hoch.

Anbau/Pflege: Johanniskraut ist anspruchslos und gedeiht mit Vorliebe an sonnigen Standorten mit magerem, trockenem Boden. Die zahlreichen goldgelben Blüten strahlen von Juni bis September. Beim Zerreiben verfärben sie sich durch das austretende Hypericin blutrot.
Die genügsame Heilpflanze lässt sich leicht aus Samen ziehen: Die bei einem Waldspaziergang geernteten reifen Samenkapseln zu Hause ausschütteln, Samen trocknen und im Frühjahr im Hausgarten aussäen.

Ernte/Lagerung: Für Tee werden die voll aufgeblühten oberirdischen Teile getrocknet. Johanniskrautöl, auch Rotöl genannt, wird durch Ansetzen von frischen, gequetschten Blüten in Pflanzenöl (Weizenkeimöl, Olivenöl) im Verhältnis 1:4 gewonnen.

Verwendung: Johanniskrauttee und -extrakte wirken mild beruhigend und spannungslösend bei Angstzuständen, nervöser Unruhe und leichten depressiven Verstimmungszuständen. Auch Sebastian Kneipp kannte schon die äußerliche Anwendung des roten Johanniskrautöls zur Behandlung von Verletzungen, Muskelentzündungen und Verbrennungen ersten Grades. Hellhäutige Personen sollten sich während der Einnahme vor starker Sonneneinstrahlung schützen, denn die Inhaltsstoffe machen lichtempfindlicher.

WACHOLDER
Juniperus communis

Immergrünes Zypressengewächs, zweihäusig, kleiner Baum oder niederliegender Strauch, kann bis zu 3 m hoch werden.
Anbau/Pflege: Wacholderbüsche findet man auf beweideten Trockenwiesen, an Waldrändern oder auf Heideflächen - in Gärten oft als Solitärpflanze. Säulenwacholder eignet sich gut als Heckenbepflanzung. In einem ausreichend großen Topf gedeiht er sogar als Kübelpflanze. Das winterharte Gehölz liebt sonnige Lagen und magere, gut durchlässige Böden.
Um Wacholderbeeren aus eigenem Anbau ernten zu können, müssen Sie mindestens einen männlichen und einen weiblichen Wacholderstrauch pflanzen und zwei Jahre Geduld haben. Die blauschwarzen Beerenzapfen benötigen nämlich zwei Vegetationsperioden bis zur Erntereife.
Ernte/Lagerung: Die Beeren werden entweder von Hand gepflückt oder, um die Hände zu schonen, nach der Reife in ein Tuch abgeschüttelt, aussortiert und getrocknet.
Verwendung: Magenstärkende Wacholderbeeren helfen bei Verdauungsbeschwerden mit leichten Krämpfen, Aufstoßen, Völlegefühl und Blähungen. In der Küche werden sie daher zum Würzen schwer verdaulicher Speisen verwendet. Denselben Zweck erfüllen hochwertige Destillate aus vergorener Wacholderbeermaische wie Gin, Genever oder Steinhäger.
Die Beerenzapfen sind wegen der wassertreibenden Wirkung des ätherischen Öles Bestandteil von durchspülenden Nieren-Blasen-Tees - seine Anwendung sollte auf maximal sechs Wochen begrenzt werden. Bei äußerlicher Anwendung als Badezusatz kommt die anregende, durchblutungsfördernde Wirkung der Wacholderextrakte zur Geltung - sie unterstützen die Behandlung rheumatischer Beschwerden.

LAVENDEL
Lavandula angustifolia

Immergrüner kleiner Strauch, mehrjährig, nur im Grund verholzt, etwa 60 cm hoch.

Erst im zweiten Jahr färben sich die reifen Wacholderbeeren blauschwarz.

Anbau/Pflege: Lavendel stammt aus dem mediterranen Raum und liebt daher sonnige Standorte, Steinbeete, Trockenmauern oder Hänge mit leichtem, kalkhaltigem Boden. Er gedeiht aber auch in Töpfen oder Pflanzenkästen.

Von Juni bis September blühen die an langen Stielen sitzenden violetten Blütenquirle über dem schmalen, silbrig-grünen Laub. Lavendel sollten Sie nach der Augustblüte immer kräftig zurückschneiden. Lavendel ist winterhart. Damit er bei uns gut über die etwas strengeren Winter kommt, schützt man den Südländer am besten durch Abdecken mit Fichten- oder Tannenreisig.
Ernte/Lagerung: Den höchsten Gehalt an ätherischem Öl besitzen die Blüten kurz vor der völligen Entfaltung. Die frisch geschnittenen Blütentriebe werden gebündelt und schonend getrocknet. Nach dem Abrebeln bewahren Sie die duftenden Blüten in einer gut schließenden Blechdose auf.
Verwendung: Lavendelblüten und deren ätherisches Öl sind als Tee vor dem Schlafengehen oder als abendliches Bad ein wohlduftendes Mittel gegen Nervosität, Unruhezustände und Einschlafstörungen. Kombinationen mit anderen beruhigend wirkenden, getrockneten Heilpflanzen (Baldrian, Melisse, Hopfen) können ebenso entspannen wie ein mit duftenden Blüten gefülltes Lavendelsäckchen unter dem Kopfkissen. Ein Teeaufguss beruhigt den nervösen Reizmagen, regt den Appetit an, löst Blähungen und lindert Darmbeschwerden.

Bringt mediterranes Flair in den Garten: duftender Lavendel.

Der Lein oder Flachs färbt ganze Felder tiefblau.

LEIN
Linum usitatissimum

Ein- oder zweijährige Öl- und Faserpflanze, 50 - 80 cm hoch, alte Kulturpflanze.
Anbau/Pflege: Früher blühten auch bei uns von Juni bis August große Leinfelder prächtig tiefblau. Heute wird Lein oder Flachs ganz vereinzelt wieder angebaut. Im Hausgarten können Sie Leinsamen ab März direkt an einem sonnigen Standort aussäen. Der Boden sollte nicht zu sauer sein. Flachs ansonsten ist recht anspruchslos und gedeiht gut.
Ernte/Lagerung: Leinsaat wird durch Feldanbau gewonnen. Der hohe Anteil an ungesättigten Fettsäuren macht Leinöl zu einem wertvollen Speiseöl. Gesponnene Flachsfasern sind Rohstoff für Leinengewebe oder Taue.
Verwendung: Bei Verdauungsproblemen schätzt man Leinsaat - mit viel Flüssigkeit eingenommen - als unschädliches pflanzliches Ballaststoff-Abführmittel.

Malvenblüten und -blätter lindern den Hustenreiz.

MALVE
Malva sylvestris

Mehrjährige Blütenpflanze, 80 - 150 cm hoch.
Anbau/Pflege: Die Malve stammt ursprünglich aus Asien. Die Pflanze mit den schmucken, rosa bis rotvioletten Blüten findet man häufig an Wegrändern, Böschungen, Mauern oder auf Schutthalden.
Im Hausgarten sollten Sie diese anspruchslose Staude an eine sonnige Stelle mit tiefgründigem Boden pflanzen. Sie blüht von Juni bis Oktober.
Ernte/Lagerung: Blüten und Blätter werden an einem warmen Tag gesammelt und rasch getrocknet.
Verwendung: Durch die in den Blättern und Blüten enthaltenen Schleimstoffe wirkt ein kalter oder heißer Teeaufguss lindernd bei Reizhusten, Bronchitis und Schleimhautentzündungen des Mund- und Rachenraumes.

Kamille blüht oft auch außerhalb von Arzneigärten.

KAMILLE
Matricaria recutita

Einjährige Blütenpflanze, typisch nach Kamille duftend, 20–50 cm hoch.

Anbau/Pflege: Kamille liebt als Lichtkeimer die Sonne. Sie kann entweder im zeitigen Frühjahr oder im Spätsommer nicht zu tief in aufgelockertem, leicht lehmigem Boden ausgesät werden. Anfangs sollten Sie die im Abstand von etwa 20 cm vereinzelten Jungpflanzen regelmäßig gießen. Als alte Klostergartenpflanze ist Kamille ansonsten aber eher pflegeleicht. Sie sät sich an ihrem Standort selbst wieder aus.

Ernte/Lagerung: Zwischen Juni und August werden die weiß-gelben Blütenköpfchen kurz nach dem Aufblühen und möglichst bei sonnigem Wetter gesammelt. Anschließend werden die Blüten auf luftigen Rosten (kein Metall!) getrocknet und vor dem Umfüllen in Vorratsgefäße noch einmal gut auf Insektenbefall hin untersucht.

Verwendung: Kamillenblüten enthalten ätherisches Öl, welches abschwellende, entzündungshemmende, krampflösende und auch wundheilungsfördernde Wirkungen zeigt.
Mit Kamillentee oder -Extrakt kann man inhalieren – und auf diese Weise Entzündungen und Reizungen der Luftwege und des Rachenraumes lindern. Ein Teeaufguss beruhigt zudem Entzündungen und Krämpfe im Magen-Darm-Bereich. Außerdem sind Kamillenzubereitungen in Form von Spülungen, Umschlägen, Salben, Öl oder Bädern be-

währte Hausmittel bei Haut- und Schleimhautentzündungen.
Vorsicht: Eine Überempfindlichkeit gegenüber Korbblütlern ist möglich. Kamillenaufgüsse sollten auf keinen Fall im Augenbereich angewendet werden.

TIPP: Echte Kamille als medizinisch wirksame Heilpflanze lässt sich von Hundskamille (*Anthemis arvensis*) und Römischer Kamille (*Chamaemelum nobile*) leicht unterscheiden. Machen Sie die Fingerprobe und zerteilen Sie den Blütenboden mit dem Fingernagel - bei der Echten Kamille ist dieser hohl.

***Melissa officinalis* duftet intensiv nach Zitrone.**

MELISSE
Melissa officinalis

Mehrjährige, krautige Pflanze mit ästigem Wurzelstock, 50-70 cm hoch.
Anbau/Pflege: Die unkomplizierte Melisse ist eine beliebte Heil-, Zier- und Duftpflanze. Sie gedeiht gut an einem warmen Platz mit humosem, lockerem und eher feuchtem Boden. Die weißen Blüten sind von Juni bis August eine begehrte Bienenweide. Weil die gesamte Pflanze intensiv nach Zitrone duftet, wird sie häufig auch als Zitronenmelisse bezeichnet.
Im Frühjahr wird sie am besten als Staude an halbschattige bis sonnige Stellen gepflanzt. Vorsicht, *Melissa officinalis* breitet sich gerne ungehemmt im Beet aus: Zu anderen Pflanzen daher einen Mindestabstand von etwa 30 cm einplanen! Um das intensive Aroma zu erhalten, sollten Sie die Stöcke ungefähr alle drei Jahre teilen und umsetzen. Melisse eignet sich ideal für die Aufzucht in Töpfen oder Blumenkästen auf Balkon und Terrasse.
Ernte/Lagerung: Frisch gepflückte Melissenblätter passen gut zu Quark, Süßspeisen, zu Salaten und zu verschiedenen Fisch- oder Fleischgerichten. Sie sollten nicht mitgekocht werden,

Melissenblätter für einen beruhigenden Teeaufguss

damit das erfrischende Zitronenaroma erhalten bleibt. Für Tees werden die Blätter ausgebreitet an der Luft getrocknet. Frische Blätter werden weiterverarbeitet zu Frischpflanzensaft, destilliertem Melissenöl und Melissengeist.
Verwendung: Melissentee, der Pflanzensaft, Melissenbäder und Melissengeist fördern bei nervös bedingten Einschlafstörungen die Schlafbereitschaft. Bewährt haben sich Melissenzubereitungen zudem bei nervösen Magenbeschwerden. Kombinationen mit anderen beruhigend wirkenden Heilpflanzen sind sinnvoll.
Teures Melissenöl wird in Badezusätzen und Duftessenzen oft durch gleichwertiges Citronellöl aus Lemongras (*Cymbopogon nardus*) ersetzt.

PFEFFERMINZE
Mentha x piperita

Mehrjährige Staude mit kräftigem Wurzelstock und aufrechten Stängeln, bis zu 90 cm hoch.

Anbau/Pflege: Als alte Heilpflanze darf die aromatische Pfefferminze in keinem Kräutergarten fehlen. Sie gehörte zum festen Bestand der mittelalterlichen Klostergärten. Aus Grabfunden um 1200 v. Chr. weiß man, dass die Ägypter diese Pflanze schon kannten und ihren kühlen Geschmack schätzten.

Minze-Arten wachsen gerne an einem halbschattigen bis sonnigen Platz mit feuchtem, humusreichem Boden, ideal ist ein Ort in der Nähe des Gartenteiches. Der Pflanzabstand sollte 20–30 cm betragen, da sie sich durch kräftige Wurzelausläufer vermehren. Pfefferminze kann gut in großen Tontöpfen kultiviert werden. Die weißlich-rosafarbenen Blütenstände erscheinen von Juni bis August. Nach der Blatternte im Spätsommer sollten Sie die Pflanze kräftig zurückschneiden.

Sebastian Kneipp schätzte die Pfefferminze sehr, weshalb er vorschlug, „dass jede Hausfrau diesen wohl edlen Pflänzchen neben der Raute ein Eckchen im Garten anweisen möge. Sie lohnen die Mühe allein schon durch ungemein erfrischenden Wohlduft, den sie bei jeder Berührung in unsere Hände legen“.

Ernte/Lagerung: Ab Juni die Blätter noch vor der Blüte pflücken, an einem schattigen Platz trocknen und in gut schließende Gläser oder Dosen abfüllen.

Verwendung: Pfefferminztee aus getrockneten oder gerade gepflückten Blättern erfrischt und besitzt gallentreibende und krampflösende Eigenschaften. Mit frischen Pfefferminzblättern peppen Sie Desserts, Soßen, Getränke oder Fleischgerichte auf.

Mentholhaltiges Pfefferminzöl wird in der Süßwaren- und Kosmetikindustrie als Aromastoff verwendet. Es erfreut sich daneben äußerlich angewendet als kühlendes Einreibemittel bei Migräne, Nerven- und Gelenkschmerzen großer Beliebtheit.

***Mentha x piperita* – aromatisch und vielseitig verwendbar**

Wirkt erfrischend und entkrampfend: frisch aufgebrühter Pfefferminztee

TIPP: Eine bunte Kombination aus verschieden duftenden Minze-Arten (Apfelminze, Waldminze, Krause Minze, Grüne Minze, Zitronenminze, Wasserminze) in Töpfen oder im Kräuterbeet kann gärtnerisch und geschmacklich sehr interessant sein.

NACHTKERZE
Oenothera biennis

Zweijährige Staude, nachtduftend, 50 - 150 cm hoch.
Anbau/Pflege: Von Juni bis September leuchten die schwefelgelben Blüten der Nachtkerzen an Bahndämmen, Wegrändern und auf Ruderalflächen. Die duftenden Blüten öffnen sich oft erst abends in der Dämmerung und verströmen dann einen betörenden Duft, mit dem vor allem Nachtfalter zur Bestäubung angelockt werden.
Im Hausgarten ist die Nachtkerze eher anspruchslos. Sie liebt steinig-sandige, stickstoffhaltige Lehmböden. Nach der Aussaat im Juni bildet sich zunächst eine flache Blattrosette. Im folgenden Jahr wächst aus ihrer Mitte der behaarte Stängel empor, welcher an den oberen Blattachseln die süß duftenden, becherförmigen Blüten trägt. Die Nachtkerze passt in Mischkulturen sehr gut zu Salbei oder Rittersporn.
Ernte/Lagerung: Aus den Samen der Fruchtkapseln wird wertvolles Nachtkerzenöl gewonnen.
Ursprünglich war die früher „Schinkenkraut" genannte Pflanze im 17. Jahrhundert wegen ihrer essbaren, rübenförmigen Wurzel nach Europa gebracht worden. Diese nussig schmeckende Wurzel kann schon im Herbst des ersten Jahres geerntet werden. Sie wird klein gehackt und zum Beispiel unter Rohkostsalate gemischt.
Verwendung: Nachtkerzenöl wird als Bestandteil von Hautölen, Salben, Bädern und Lotionen bei trockener, gereizter und sensibler Haut verwendet. Bei der Behandlung von Neurodermitis und der Schuppenflechte kommt die lindernde Wirkung besonders zum Tragen. Rein oder in Form von Kapseln kann Nachtkerzenöl auch innerlich angewandt

Die Blüten der Nachtkerzen locken Nachtfalter an.

Spitzwegerich – weit verbreitet und schon im Altertum bekannt

werden. Der hohe Anteil an ungesättigten Fettsäuren macht es zu einem wertvollen Nahrungsergänzungsmittel, das Körperfunktionen und Abwehrkräfte stärkt.

SPITZWEGERICH
Plantago lanceolata

Mehrjährige Staude, alte Heilpflanze, 10 - 40 cm hoch.
Anbau/Pflege: Spitzwegerich kommt in der Natur an Wegrändern, auf Wiesen und Ödland vor. Er liebt Lehmböden, die basisch und eher stickstoffreich sind, und in denen er sich mit seinem kräftigen Wurzelstock tief verankern kann. Die langen, lanzettlichen Blätter bilden eine Grundrosette. Der aufrechte, blattlose Stängel trägt am oberen Ende eine walzenförmige Blütenähre. In der Blütezeit von April/Mai bis September ragen feine, weiße Staubgefäße weit aus den eher kleinen Einzelblütchen hervor.
Da Spitzwegerich in unseren Breiten sehr häufig vorkommt, ist ein gezielter Anbau im Garten eigentlich nicht nötig. Er wird über kurz oder lang von selbst „einwandern" und sich sein Plätzchen suchen.
Ernte/Lagerung: Während der Blütezeit wird das Kraut für Tee und Breiumschläge gesammelt und schonend getrocknet. Für die Herstellung von Presssaft erntet man die Blätter schon zeitig im Frühjahr noch vor der Blüte.
Verwendung: Spitzwegerich wirkt nachweislich entzündungshemmend, antibakteriell und schleimlösend. Getrocknetes Spitzwegerichkraut ist darum Bestandteil vieler Hustentee-Mischungen. In Hustensaft wird bevorzugt der reizlindernde Frischpflanzen-Presssaft verwendet.
Breiumschläge aus Blättern helfen bei kleineren Quetschungen und bei Insektenstichen. Auf anstrengenden Wanderungen kühlen einige in die Schuhe gelegte Spitzwegerichblätter heiß gelaufene Fußsohlen.

SCHLÜSSELBLUME
Primula veris,
Primula elatior

Mehrjährige Staude, beide Arten stehen unter Naturschutz und werden bis zu 25 cm hoch.
Anbau/Pflege: Die Echte (*Primula veris*) und die Hohe Schlüsselblume (*Primula elatior*) wachsen einzeln oder in größeren Gruppen an Bachläufen, in

Bergwiesen oder lichten Laub- und Mischwäldern. Wild wachsende Schlüsselblumen sind streng geschützt. Sie dürfen nur in kleinsten Mengen gepflückt und keinesfalls ausgegraben werden!
Dafür bieten Staudengärtnereien Primeln in einer farbenreichen Sortenvielfalt an – auch Zuchtformen von *Primula veris* und *Primula elatior*. Falls Sie sich für eine Nachzucht aus Saatgut entscheiden, sollte die Aussaat früh im April oder erst im August erfolgen. Die Samen sind typische Kaltkeimer und werden nicht mit Erde bedeckt. Ideale Wuchsbedingungen bieten aufgelockerte, nährstoffreiche Lehmböden, die zudem basisch und kalkhaltig sein dürfen. Nach dem Vereinzeln brauchen die Jungpflanzen einen etwa 25 x 25 cm großen, sonnigen Platz. Schlüsselblumen eignen sich nicht für Mischbeete, gedeihen jedoch prächtig in Pflanzschalen, Kästen oder Töpfen.
Sie gelten als klassische Frühlingsboten, ihre dottergelben Blütendolden, die ein wenig an einen Schlüsselbund erinnern, leuchten von März bis Mai aus dem jungen Grün. Für Hummeln und Wildbienen sind sie eine wichtige erste Futterquelle.

Goldgelbe Blüten der Schlüsselblumen künden den nahenden Frühling an.

Verwendung: Für medizinische Zwecke baut man Schlüsselblumen in speziellen Heilpflanzenkulturen an. Die getrockneten Wurzeln beider Arten werden als Arzneidroge genutzt. Getrocknete Blüten mit Kelch stammen bevorzugt von *Primula veris*.
Die saponinhaltigen Wurzelstücke und Blüten werden vor allem für Hustentees in Mischungen mit Thymiankraut, Fenchelfrüchten und Spitzwegerichkraut verwendet. Sie helfen durch ihre schleimlösenden Eigenschaften bei Katarrhen der Luftwege und akutem oder chronischem Husten. Sebastian Kneipp bevorzugte eindeutig die Echte Schlüsselblume: „Nur die dunkelgelbe Schlüsselblume hat Wert für die Hausapotheke. Schon der Geruch verrät, dass in all diesen Blütenkelchen eine besondere Heilflüssigkeit stecken muss. Kaut man zwei oder drei dieser gelben Trichterchen, so fühlt man recht gut, welch medizinischen Gehalt sie bergen."

HECKENROSE
Rosa canina

Mehrjähriger, sommergrüner Strauch mit stacheligen Stängeln, 1–3 m hoch.
Anbau/Pflege: Heckenrosenbüsche wachsen häufig

Hagebutten sind reich an Vitamin C.

Schlicht und schön: Wildrosenblüten

an Waldrändern, an Zäunen und Mauern. Sie sind die in Mitteleuropa heimische Wildform der heute in unseren Ziergärten verbreiteten Zuchtrosen-Arten. Diese Edelrosen waren erst von den Römern aus dem Süden in die Kolonien nördlich der Alpen mitgebracht worden. Die Hunds- oder Heckenrose ist als Gartenpflanze eher anspruchslos. Sie braucht einen warmen, sonnigen Standort mit tiefgründigem Lehmboden, idealerweise an einem Zaun oder an der Hausmauer. Die rosa bis hellrosa gefärbten und schwach duftenden Blüten öffnen sich im Juni. Die Kelchblätter fallen recht früh ab. Im Spätsommer und Herbst leuchten dann zahlreiche Hagebuttenfrüchte, kräftig rot aus dem dornigen Busch.

Ernte/Lagerung: Ab Ende August werden die reifen Hagebutten abgesammelt, längs aufgeschnitten und rasch bei etwa 40 °C getrocknet. Die Kerne können für Tee mitverwendet werden, bei der Bereitung von Marmelade oder Fruchtmus sollten sie dagegen sorgfältig abgetrennt werden.

Verwendung: Sebastian Kneipp empfahl Hagebuttentee wegen dessen mild wassertreibender Wirkung bei Nieren- und Blasenbeschwerden. Für einen Teeaufguss nimmt man etwa zwei Teelöffel getrockneter Hagebutten auf eine große Teetasse.

Aus den Vitamin-C-haltigen Hagebutten lassen sich wohlschmeckende Marmelade (Hägemark) oder säuerlich frischer Saft bereiten. Hagebuttensaft eignet sich vorzüglich als magenstärkender Digestif und beugt Erkältungskrankheiten vor.

Rosmarin blüht nördlich der Alpen selten in solcher Pracht – er ist eine typische Mittelmeerpflanze.

ROSMARIN
Rosmarinus officinalis

Mehrjähriger, immergrüner Halbstrauch, 30–150 cm hoch. Nicht winterhart – vor Frost schützen!

Anbau/Pflege: Als sonnenhungrige Mittelmeerpflanze überdauert der Rosmarin die recht kühlen Wintermonate unserer Breiten nur unter der fürsorglichen Pflege eines erfahrenen Gärtners. Im Freien kann die Pflanze allenfalls in äußerst milden und sehr sonnigen Lagen überwintert werden, ansonsten empfiehlt sich die Kultur in größeren Terrakotta-Gefäßen und der rechtzeitige Umzug in ein frostsicheres Winterquartier.
Rosmarin gedeiht in einer humosen, mittelschweren aber durchlässigen Substratmischung aus Gartenerde und Sand. Er lässt sich durch Stecklinge vermehren. Ab Ende Mai kann die eingelagerte Topfpflanze wieder nach draußen an eine vollsonnige, geschützte Stelle auf Balkon oder Terrasse gebracht werden. Sie sollten Ihren Rosmarinstrauch regelmäßig gießen und ab und zu mit Kompost düngen. Während der hier bei uns kürzeren Blütezeit von März bis Mai erscheinen zahlreiche hellviolette bis weißlich-blaue Lippenblüten an den oberen Blattachseln. Alle Pflanzenteile duften intensiv-aromatisch nach ätherischem Öl.

Ernte/Lagerung: Einige Zweige werden zwischen Juni und August abgeschnitten und getrocknet. Nun zupft man die Blättchen ab und sammelt sie in einem geeigneten Behältnis mit dicht schließendem Deckel.

Verwendung: In der mediterranen Küche spielt frischer und getrockneter Rosmarin als Gewürz eine zentrale Rolle. Beim Grillen, zu Gemüse oder zu Kartoffeln, Geflügel oder Fisch – Rosmarin gehört immer dazu! Als Pflanzensaft oder Kräuterwein wirkt er kreislaufanregend, als Tee fördert er den Appetit. Ein duftendes Rosmarin-Wannenbad erfrischt und belebt die Sinne.

SALBEI
Salvia officinalis

Mehrjähriger, stark verzweigter Halbstrauch, bis etwa 70 cm hoch. Die unteren, verholzten Teile sind winterhart.

Anbau/Pflege: Der gut an die trockenheiße Sommerhitze der Mittelmeerregion angepasste Salbei braucht bei uns im Garten einen sehr sonnigen, warmen und windgeschützten Platz. Am besten wächst er in relativ durchlässiger, kalkhaltiger Erde. Lehmige Böden kann man vorher mit Sand auflockern und die Pflanze gelegentlich mit etwas Kompost düngen. Vermehrt wird durch Aussaat im Frühjahr oder durch regelmäßiges Teilen. Salbei macht sich auch gut als dekorative Kübelpflanze.
Von Mai bis August blüht der Lippenblütler mit den silbrig-samtigen Blättern hellblau bis rosaviolett. Salbei stammt zwar aus dem Süden, im Gegensatz zum Rosmarin sind seine stärker verholzten Zweige aber winterhart. Dünnere Triebe erfrieren dagegen oft schon in den ersten harten Frostnächten. Im Topf kann man Salbei problemlos in einem kühlen Raum überwintern, er sollte nur regelmäßig gegossen werden.
Ernte/Lagerung: Die behaarten Blätter und junge Triebe werden von Mai bis Juli gepflückt und möglichst schonend getrocknet.
Verwendung: Vor allem in der italienischen Küche verfeinert man Fleischgerichte (Saltimbocca alla Romana), Fisch, Suppen oder Salate traditionell mit den kräftig aromatischen Salbeiblättern. Salbeitee hilft bei Entzündungen im Mund- und Rachenraum, bei leichten Magen-Darm-Beschwerden und bei nächtlichen Schweißaus-

Silbrig behaarter Salbei mit violetten Blüten

TIPP: Der verwandte Muskateller-Salbei (*Salvia sclarea*) mit rötlichen bis weißlich-lilafarbenen Blütenrispen duftet noch stärker als der „offizinale" Salbei (*Salvia officinalis*). Seine aromatischen Triebe bereichern Duftsäckchen, Potpourris oder Kräutersträuße.

In Form von Sirup aromatisieren Holunderblüten Sommergetränke.

Reif geerntete Beeren ergeben tiefroten Saft, Likör oder Gelee.

brüchen. Er sollte aber nicht regelmäßig über eine längere Zeit und keinesfalls während einer Schwangerschaft eingenommen werden.

HOLUNDER
Sambucus nigra

Mehrjähriger, sommergrüner Strauch mit holzigen Ästen und weißem Mark, bis zu 7 m hoch.

Anbau/Pflege: Um den Holunder ranken sich zahlreiche Sagen und Legenden. Im volkstümlichen Glauben der ländlichen Regionen gilt er seit alters her als Schutzbaum. Sebastian Kneipp empfahl Holunder uneingeschränkt als Hausstrauch: „Es soll kein Haus geben, wo der Holunder nicht gleichsam als Hausgenosse in der Nähe wäre." Holunder ist pflegeleicht, zäh und anspruchslos. Als Stickstoffzeiger wächst er gerne auf nährstoffreichen, feuchten Böden, oft an Waldrändern, an Mauern oder in Feldhecken. Im Hausgarten kann er durch einen herbstlichen Pflegeschnitt gut an die örtlichen Gegebenheiten angepasst werden.

Ernte/Lagerung: Die weißgelben Blütendolden werden im Juli abgeschnitten und zunächst hängend über einem Leintuch getrocknet, danach erst werden die einzelnen Blütchen abgestreift und in einem trockenen Gefäß aufbewahrt. Die schwarzen Holunderbeeren erntet man vollreif im September/Oktober. Aus ihnen kann man Gelee, Fruchtsaft oder dunkelroten Sirup einkochen.

Verwendung: Holunderblütentee ist ein zuverlässig schweißtreibendes Mittel bei fieberhaften Erkältungskrankheiten. Er kann auch mit Linden- oder Kamillenblüten gemischt werden. Eine solche Tee-Schwitzkur ist allerdings nichts für Patienten mit einem schwachen Kreislauf! Heiß getrunkener Holunderbeersaft wird als Hausmittel gegen Erkältungskrankheiten empfohlen, er wirkt außerdem leicht abführend.

Violette Blüte der Mariendistel und reifer Fruchtstand mit Haarbüschel

MARIENDISTEL
Silybum marianum

Zweijährige, distelähnliche Staude, voll winterhart, bis zu 200 cm hoch.
Anbau/Pflege: Durch seine Größe und die weiß marmorierten Blätter fällt dieser stachelige Gast aus dem warmen Süden in jedem Garten sofort auf. Auf einem hohen, aufrechten Stängel sitzt meist nur ein einzelner purpurvioletter Blütenkopf über einem dornenbesetzten Kelch. Bis zum Spätsommer entwickelt sich aus der kugeligen Blüte ein schwarz oder violett gefärbter, behaarter Fruchtstand. Die Mariendistel wächst gut auf nährstoffreichen, trockenen Böden. Sie braucht dazu genügend Freiraum (50 x 50 cm) und viel Sonne.
Ernte/Lagerung: In speziellen Arzneipflanzengärten werden ab August/September die reifen, schwarzvioletten Früchte von Hand abgesammelt. Vor dem Trocknen befreit man sie von ihren Haarkronen, dem Pappus.
Verwendung: Vom Arzt wird meist ein Extrakt aus den getrockneten Früchten der Mariendistel in Form von Tabletten verordnet. Die entsprechenden Medikamente sind bei Verdauungsbeschwerden und bei chronischen Leber- und Gallenerkrankungen wirksam.

LÖWENZAHN
Taraxacum officinale

Mehrjährige Staude mit tiefer Pfahlwurzel und grundständiger Blattrosette, Blütenstängel bis 40 cm hoch.
Anbau/Pflege: Durch die mit einem Gleitschirm ausgerüsteten Flugsamen wird sich der Löwenzahn über kurz oder lang ganz von selbst in Ihrem Garten aussäen. Er wächst im Prinzip überall, wo die Samen Halt finden: in Mauerritzen und Pflasterfugen, an Wegrändern, im Rasen und in frisch angelegten Beeten. Löwenzahn gilt als zuverlässiger Stickstoff-Indikator. Die leuchtend gelben Blü-

tenköpfe der „Kuhblumen“ erscheinen besonders zahlreich auf intensiv gedüngtem Grünland. In der Gärtnerei finden Sie ausgewählte Löwenzahn-Sorten für die Küche, deren zarte Blätter sich ideal für würzige Salate oder für Frühlingssuppen eignen.
Ernte/Lagerung: Die tiefen Wurzeln werden im Herbst ausgegraben und getrocknet. Blätter kann man im Frühjahr vor der Blüte frisch pflücken und als Salat zubereiten oder für Tee trocknen. Die geschlossenen Blütenknospen schmecken in Würzessig eingelegt ähnlich wie Kapern. Imker gewinnen aus der Frühlingspracht den hellgelben, aromatischen Löwenzahnhonig.
Verwendung: Getrocknete Löwenzahnwurzeln mit Kraut werden aufgebrüht und als Tee bei Leber-Galle-Beschwerden oder bei Appetitlosigkeit getrunken. Die gerösteten Pfahlwurzeln (Zichorie) sind üblicherweise in Malz- und Getreidekaffees als Bitterstoff und Geschmacksträger enthalten.

THYMIAN
Thymus vulgaris, Thymus zygis

Mehrjährige, wintergrüne Staude oder Zwergstrauch, winterfest, mit kräftiger Pfahlwurzel, alle Teile inten-

Löwenzahn mag stickstoffreiche Böden.

Thymian wird in der Küche und als Medizin geschätzt.

Getrocknete Lindenblüten werden für schweißtreibende Teeaufgüsse genutzt.

siv duftend, 20–50 cm hoch.
Anbau/Pflege: Thymian ist ursprünglich in den immergrünen Gebüschen des Mittelmeerraumes zu Hause. Bei uns stellt das beliebte Würzkraut im Kräuterbeet oder als Topfpflanze trotzdem keine besonderen Ansprüche.
Der Boden sollte eher mager, sandig und leicht kalkhaltig sein. Ein vollsonniger, windgeschützter Standort wird bevorzugt.
Ab Juli sollten Sie keinen Dünger mehr zugeben, damit die Pflanze nicht mehr zu stark austreibt und so besser über den Winter kommt. Thymian wird durch Aussaat, Stecklinge und die regelmäßige Teilung der Pflanze vermehrt. Ältere Exemplare sollten im Frühjahr kräftig zurückgeschnitten werden, damit wieder neue, kräftige Triebe nachwachsen. Die Blüten sind rosarot bis dunkellila gefärbt. Sie blühen von Mai bis Ende September.
Ernte/Lagerung: Frische Zweige für die Küche können immer geschnitten werden, am aromareichsten sind sie im Mai, weshalb man auf jeden Fall einen Strauß davon für den Wintervorrat trocknen sollte.
Verwendung: Ätherisches Thymianöl wirkt antibakteriell und schleimlösend bei Husten oder Bronchitis. Thymianfluid-Extrakte sind oft in Hustensäften, Gurgelwässern, Badezusätzen oder in Zahnpasta enthalten. Das getrocknete Kraut ist ein wirksamer Erkältungstee.
In der Küche passt Thymian ideal zu Ziegen- und Schafskäse. Er würzt Marinaden, Suppen, Fisch, Fleisch, Nudelgerichte oder Gemüsepfannen. In französischen Kochrezepten hat er neben Rosmarin seinen festen Platz und gehört auf jeden Fall zur Kräutermischung „Herbes de Provence“.

LINDE
Tilia platyphyllos, Tilia cordata

Mehrjähriger, sommergrüner Laubbaum mit weichem, hellem Holz. Die Krone der Winterlinde (*Tilia cordata*) wird bis zu 25 m hoch, die der Sommerlinde (*Tilia platyphyllos*) bis 40 m. Linden können sehr alt werden.
Anbau/Pflege: Sommer- und Winterlinde wurden und werden häufig als Straßen- und Parkbäume gepflanzt. Beide Arten sind wichtige Waldbäume der gemäßigten Breiten. In einem ausreichend großen Gartengrundstück ist die Linde mit ihrer großen Laubkrone ein idealer Schattenspender.
Die kleinere Winterlinde blüht etwa 14 Tage nach der Sommerlinde, deren geöffnete Blütendolden meist schon ab Mitte Juni geerntet werden können. Inzwischen

werden in Baumschulen auch spezielle Zwerglinden für kleinere Hausgärten angeboten.
Ernte/Lagerung: Die gelblich-weißen Blütenstände beider Arten werden kurz nach dem Aufblühen gepflückt und ohne Wärmezufuhr schonend getrocknet.
Verwendung: Pur oder in einer Mischung (im Verhältnis 1 : 1) mit Holunderblüten werden Lindenblüten als schweißtreibendes Hausmittel bei fiebrigen Erkältungen empfohlen. Eine solche Rosskur ist allerdings nur für robuste Naturen geeignet. Oft werden Lindenblüten in Teemischungen mitverwendet.
Aus dem weichen Lindenholz, das sich ideal zum Schnitzen und für den Modellbau eignet, gewinnt man unter anderem medizinische Holzkohle (*Carbo vegetabilis*). Diese hilft bei Durchfallerkrankungen.

Entwässern: Brennnesseltee und Frischpflanzensaft

BRENNNESSEL
Urtica dioica, Urtica urens

Mehrjährige Staude mit aufrechten, unverzweigten Stängeln, dicht mit Borsten und Brennhaaren bedeckt, 60–150 cm hoch.
Anbau/Pflege: Sowohl die Große (*Urtica dioica*) als auch die Kleine Brennnessel (*Urtica urens*) sind typische Stickstoffzeiger. Sie wachsen häufig auf Schutthalden, in Gebüschen oder an Fluss- und Bachufern. In Gartengrundstücke wandern sie wie von selbst ein.
Mit Vorliebe wachsen Brennnesseln auf nährstoffreichen, humosen Böden. Reservieren Sie einfach eine Gartenecke am Zaun oder in der Nähe des Komposthaufens für dieses „gesunde Unkraut" und Sie können Ihren Brennnessel-Bedarf bald aus eigenem Anbau decken.

Ernte/Lagerung: Junge Blätter können im Frühjahr frisch unter Blattsalate gemischt oder wie Spinat zubereitet werden. Für Tee werden die getrockneten Blätter und das Kraut verwendet.
Zu medizinischen Zwecken baut man beide Brennnessel-Arten in besonderen Kulturen an. Hier werden sie meist maschinell geerntet und dann entsprechend weiterverarbeitet.
Verwendung: Kneipp schrieb der Brennnessel seinerzeit „unschätzbare Heilkräfte" zu. Teeaufgüsse von Brennnesselblättern und Frischpflanzensaft wirken mild entwässernd und antirheumatisch. Brennnesselwurzel-Extrakte lindern Prostata-Beschwerden. Äußerlich wärmt Brennnesselspiritus die Muskeln und Haarwasser durchblutet die Kopfhaut.

Blütenstängel des Baldrians

BALDRIAN
Valeriana officinalis

Mehrjährige Staude mit walzenförmigem Wurzelstock, 70–150 cm hoch.
Anbau/Pflege: Die Arzneipflanze Baldrian bevorzugt halbschattige Lagen in Gebüschen oder Hecken. Sie wächst häufig in Nasswiesen, an Gräben oder Bachufern auf basenreichen Lehm- oder Tonböden. Im Garten verträgt sie aber auch trockenere und sonnigere Standorte. Der hohle Stängel verzweigt sich im oberen Teil und trägt von Mai bis August weiße bis zart rosarot gefärbte, halbkugelige Blütenstände. *Valeriana officinalis* eignet sich gut als Zwischenpflanze in Gemüsebeeten und kann problemlos in Kübeln oder Pflanzkästen kultiviert werden. Die Staude wird am besten durch Teilung vermehrt. Fleißiges Gießen und das rechtzeitige Zurückschneiden der verblühten Triebe begünstigen die Ausbildung eines großen Wurzelstockes im Spätsommer.
Ernte/Lagerung: Im September/Oktober kann man schon ab dem ersten Jahr die gedrungenen Wurzeln ausgraben und einen Teil davon ernten. Nach dem Waschen werden die Stücke gebündelt und behutsam nicht über 40 °C getrocknet. Alle getrockneten Pflanzenteile des Baldrians üben durch ihren charakteristischen, intensiven Geruch nach iso-Valeriansäure besonders auf Katzen und Kater eine stark elektrisierende, anziehende Wirkung aus.
Verwendung: Baldrian wurde von Kneipp als „weitgeschätztes Schlafmittel" gelobt. Ein Tee aus Wurzelstücken oder Teemischungen mit Hopfenblüten, Melissenblättern oder Passionsblume beruhigen und führen zu natürlichem Schlaf. Auch als Badezusatz entspannt Baldrian bei nervöser Unruhe; Baldrianzubereitungen entspannen und fördern gleichzeitig Konzentration und geistiges Leistungsvermögen.

HEUBLUMEN
Flores Graminis

Typisches artenreiches Pflanzengemisch einer nicht gedüngten, mageren Bergwiese des Voralpenlandes. Dazu gehören verschiedene Süßgräser-Arten, Ruchgras, Steinklee, Honigklee, Quendel, Johanniskraut, Kamille, Spitzwegerich, Schafgarbe, Labkraut, Quecke, Lolch, Trespe, Schwingel und zahlreiche weitere Wiesenkräu-

Wirksames Schlafmittel: ein Absud aus Baldrianwurzeln

ter je nach Beweidungsart, Lage und Bodentyp.
Anbau/Pflege: Eine Bergwiese kann man nicht einfach ins Flachland verlegen. Allerdings muss der Grünstreifen um Ihr Haus ja nicht unbedingt aussehen wie ein äußerst kurz geschorener englischer Golfrasen. Wie wäre es stattdessen mit einer eingestreuten Wildblumenmischung, einer duftenden Kräuterwiese oder einem lieblichen Gänseblümchenbiotop?
Zu Kneipps Lebzeiten verstand man unter dem Oberbegriff „Heublumen“ die Anteile des gelagerten Heus, die sich am Boden der Tenne sammelten: Blüten, Stängelteile, Samen und kleine Blätter von den verschiedenen Wiesenblumen und Gräsern. Heute nutzt man fein geschnittenes Heu von artenreichen, möglichst ungedüngten Bergwiesen für die verschiedenen Kneipp-Anwendungen.
Ernte/Lagerung: Das getrocknete Heu von ausgewählten Bergwiesen liefern vertraglich gebundene Landwirte im Bad Wörishofener Kneipp-Werk ab. Dort wird es geprüft, gelagert, fein geschnitten und portionsweise in Leinensäckchen oder den gebrauchsfertigen Heupack gefüllt. Außerdem stellt man daraus Heublumenextrakt her.

Heublumen und Heublumensack gehören zur Kneipp-Kur.

Verwendung: Bei einer Kneipp-Kur wird der Heublumensack dem Kurgast frühmorgens vom Bademeister im Bett so aufgelegt, dass die wohlige Wärme rheumatische Beschwerden und Entzündungen lindert. Im Wannenbad regen Heublumen den Stoffwechsel an. Für die Verwendung als Badezusatz gab Pfarrer Kneipp selbst die folgende Rezeptur an: „Ein kleines Säckchen mit Heublumen angefüllt kommt in einen Kessel mit heißem Wasser und bleibt mindestens eine halbe Stunde im Sude. Der ganze Absud wird in die mit Warmwasser bereitstehende Wanne geschüttet und die Mischung, bis sie die vorgeschriebene Temperatur erreicht hat, mit kaltem oder warmem Wasser aufgefüllt.“ Heute gibt es Badezusätze und fertige Heusäcke zur bequemen Anwendung zuhause.

Heilkräuterblüten werden am besten morgens gepflückt. Sie können frisch verwendet, zu Salben verarbeitet oder für Teemischungen getrocknet werden.

Kräuter aus eigenem Anbau

Am richtigen Standort und mit fachgerechter Pflege können Sie Heilpflanzen und aromatische Küchenkräuter in Beeten und in Töpfen erfolgreich anbauen.

Mit einer Kräuterecke oder einem gemischt bepflanzten Beet nach dem Vorbild der traditionellen Kloster- und Bauerngärten sichern Sie sich jahrein jahraus reiche Ernten aus eigenem Anbau. Aromatisch duftende Heilkräuter schmücken als Topfpflanzen Balkon oder Terrasse. Ebenso gut lassen sich die Kräuter auf einer sonnigen Fensterbank kultivieren.
Der Kräuteranbau auf dem Balkon oder im eigenen Garten ist bei einer sorgfältigen Pflanzenauswahl recht unproblematisch, da die überwiegende Zahl dieser Pflanzen eher anspruchslos ist und keine intensive Pflege benötigt: Gießen bei langer Trockenheit, etwas Kompostdünger von Zeit zu Zeit und kräftiges Zurückschneiden nach der Ernte - bei den meisten Kräutern und Heilpflanzen ist das schon ausreichend.

Heilkräuter – wirksam und schön

Nutzen und dekorative Wirkung des Kräutergartens sind gleichermaßen von Bedeutung. So ist der Anbau in Mischkultur im Gemüsebeet durchaus möglich und bietet sogar Vorteile: Knoblauch passt beispielsweise ideal zu Erdbeeren, Kartoffeln, Spinat oder Möhren. Fenchel verträgt sich gut mit Möhren, Gurken oder Salat. Thymian, Salbei und Lavendel halten nicht nur Blattläuse vom Gemüse und von Rosen fern.
Die Klostergärten, die ursprünglich der Selbstversorgung des jeweiligen Ordens dienten, waren in erster Linie Nutzgärten. Durch eige-

Für die optimale Bodenbearbeitung: Grabegabel

Vollsonniger Kräutergarten mit einer Beeteinfassung aus Buchs (rechts im Bild zu sehen).

ne Zucht und den regen Austausch mit anderen Klöstern nahm die Vielfalt der angebauten Pflanzen über die Jahre hindurch kontinuierlich zu. Es ist dem gärtnerischen Können der Klosterbrüder zu verdanken, dass uns heute eine so große Zahl an Heilpflanzen und Würzkräutern zur Verfügung steht.

PLANUNGSTIPPS FÜR DEN KRÄUTERANBAU

Vor der Neuanlage Ihres Kräutergartens sollten Sie einige grundsätzliche Punkte berücksichtigen:

- Reservieren Sie stets die sonnigsten Standorte für mediterrane Heilpflanzen und Würzkräuter wie Mariendistel, Thymian, Rosmarin, Salbei oder Lavendel.
- Für häufig gebrauchte Küchenkräuter sollten Sie ein kleines Beet in der Nähe des Hauses anlegen.
- Regelmäßiges Gießen und maßvolle Düngergaben (reifer Kompost) schaffen im Kräuterbeet die besten Voraussetzungen für eine reiche Ernte.

► Befestigte Wege oder flach ausgelegte Trittsteine im Kräutergarten gewährleisten die gute Erreichbarkeit aller Beete, daneben speichern zusätzlich ausgelegte Steine oder Findlinge auch die Sonnenwärme.

► Für Beeteinfassungen oder zur Randbepflanzung eignen sich Lavendel, Thymian, Ysop, Heiligenkraut oder eine Buchshecke.

► Es empfiehlt sich, zu Beginn im Kräuteranbau eher klein anzufangen und erst danach schrittweise die Bepflanzung zu ergänzen oder die Anbauflächen zu vergrößern.

► Der Bau einer Trockensteinmauer oder die Anlage einer Kräuterspirale bieten eine praktische Lösung, um die verschiedenen Pflanzenwünsche und das Platzangebot auf einen ästhetischen Nenner zu bringen.

BODEN UND STANDORT

Den Boden vorbereiten

Ideal für den Kräuteranbau sind durchlässige, humushaltige und daher dunkle Gartenböden. Für den Saisonstart im Frühjahr kann in den Beeten schon im Herbst des Vorjahres vorgearbeitet werden. Schwere, verdichtete Böden lassen sich mit Humus, Rindenmulch und Sand auflockern. Sandige Lehmböden sollten mit Komposterde und Rindenmulch angereichert werden. Hacken und lockern Sie die Erde gründlich auf und decken Sie die Beete über die Winterzeit mit einer 10 cm dicken Schicht Rindenmulch ab. Die Einsaat einer Zwischenkultur zur Gründüngung (z. B. mit Senf, Phacelia oder Spinat) kann für die Vorbereitung der Anbauflächen vorteilhaft sein. Kräuterarten wie Rosmarin, Wermut, Salbei und Thymian, die aus den Karstgebieten des Mittelmeerraumes stammen, lieben kalkhaltige Böden. Hier kann mit Gesteinsmehl der pH-Wert des Bodens entsprechend angepasst werden. Für diese Pflanzen sollte der Säuregrad des Bodens idealerweise zwischen pH 6 und pH 7 liegen.

TIPP: Zunächst können Sie Salbei, Thymian, Rosmarin oder Minze in Topfkultur „ausprobieren“ und erst im Folgejahr die Kräuterecke oder ein Beet im Garten damit bepflanzen.

Ein Platz an der Sonne

Historische Klostergärten wurden in der Regel von Mauern geschützt und von der Ausrichtung her eher vollsonnig angelegt. Auch sonnenverwöhnte Gäste wie Rosmarin, Salbei oder die Mariendistel konnten dadurch hier bei uns, im kühleren Norden jenseits der Alpen, gedeihen. Reservieren Sie darum immer die besten Lagen für jene „Südländer“. Die Wahl des richtigen Erntezeitpunktes und die kräftige Sonneneinstrahlung garantieren ausreichend hohe Wirkstoffgehalte.

Kräuterkombinationen
Sicherlich spielt es eine große Rolle, worauf Sie den Schwerpunkt bei der Nutzung Ihres Gartens legen wollen: So könnten Sie zum Beispiel einen **Würzkräutergarten** für die Küche anlegen oder den Anbau von **Teekräutern** in größeren Beeten planen. Vielleicht wollen Sie aber auch ein **Duftbeet** bepflanzen und die intensiv-aromatische Ernte für Badezusätze, Duftkissen und Potpourris verwenden?
Als Einstiegsbepflanzung in Richtung **Bauerngarten** empfehlen sich ausdauernd blühende Stauden wie Ringelblume, Nachtkerze, Sonnenhut, Schlüsselblume, Malve, Echte Kamille, Johanniskraut oder ein Heckenrosenstrauch.

KNEIPPSCHE HEILPFLANZEN SELBER ZIEHEN – EIN KLEINER ÜBERBLICK

Absenker: Thymian

Ausläufer: Nachtkerze, Pfefferminze

Aussaat: Artischocke, Birke, Engelwurz, Fenchel, Heublumen, Johanniskraut, Kamille, Kürbis, Lavendel, Mädesüß, Melisse, Nachtkerze, Ringelblume, Rosmarin, Salbei, Schlüsselblume, Sonnenhut, Thymian, Wermut

Setzlinge: Arnika, Schafgarbe, Schlüsselblume, Tausendgüldenkraut

Stecklinge: Lavendel, Melisse, Pfefferminze, Rosmarin, Salbei, Thymian

Teilung des Wurzelstockes: Baldrian, Mädesüß, Melisse, Nachtkerze, Pfefferminze, Salbei, Schafgarbe, Sonnenhut, Thymian, Wermut

Für ein **Duftbeet** bieten sich Lavendel, Muskateller-Salbei, Römische Kamille, Zitronenmelisse, Thymian, Fenchel, Wermut und die verschiedenen Minze-Arten als Erstbepflanzung an.

Gute Staudengärtnereien führen neben Zier- und Duftpflanzen auch spezielle Arzneipflanzensorten. Man wird Ihnen dort gerne bei der Beschaffung wirkstoffreicher, alter Sorten helfen.

Jungpflanze vorsichtig aus dem Topf drehen.

Erde außen auflockern und Wurzeln leicht kürzen.

Pflanze an die vorbereitete Stelle setzen.

TIPP: Bäume und hoch wachsende Sträucher wie Holunder, Weißdorn, Heckenrose und Wacholder sollten wegen ihrer Größe erst nach eingehender Planung ihren Platz im Garten bekommen. Sie erhalten die Pflanzen in der Gärtnerei, in einer Baumschule oder im Gartencenter.

VERMEHREN UND PFLANZEN

Freilandaussaat und Vorkultur

Heimische und in der Regel kältetolerante Arten wie Baldrian, Kamille, Johanniskraut und die Küchenkräuter Dill, Fenchel, Petersilie, Boretsch oder Schnittlauch können Sie im Frühjahr schon ab Mitte März direkt ins Freiland auf den vorbereiteten Flächen aussäen. Vorgezogene Jungpflanzen werden dagegen erst ab Mitte Mai ins Freie gesetzt. Diese haben dann einen deutlichen Vegetationsvorsprung gegenüber langsamer wachsenden Freilandnachzuchten. Für die eigene Jungpflanzenaufzucht ist eine Vorkultur im Gewächshaus, Frühbeetkasten oder in kleinen Saatschalen auf der Fensterbank gleichermaßen geeignet. Am besten verwendet man ungedüngte, keimfreie Erde (Aussaaterde) oder so genannte Torfquelltöpfe. Dieses mit Wasser aufquellende Substrat hat den Vorteil, dass der Ballen mit verpflanzt werden kann, so dass das aufwendige Pikieren entfällt. Anfangs die Erde gut feucht halten, später für ausreichende Belüftung und Belichtung sorgen. Vor dem Auspflanzen sollten die Pflänzchen schrittweise an kühlere Temperaturen gewöhnt werden. Da sich die Kräuter an ihrem neuen Standort im Garten durchsetzen sollen, werden sie nicht einzeln sondern möglichst in Gruppen von drei bis fünf gesetzt. Pflanzfertige Jungpflanzen erhalten Sie in großer Auswahl in Staudengärtnereien, Kräutersetzlinge besonders im Frühjahr auch auf Wochenmärkten.

Loch mit Erde auffüllen und diese gut andrücken.

Zweig abschneiden, untere Blätter entfernen; Steckling in sandige Erde stecken.

Ein Mini-Gewächshaus: zwei Drahtstreben, ein Gefrierbeutel und Schnur

Stecklinge ziehen

Lavendel, Rosmarin, Salbei, Ysop und Thymian lassen sich während der Sommermonate gut durch Stecklinge vermehren. Dazu werden mit einem Messer 6–8 cm lange, unverholzte Triebe abgeschnitten und die unte-

Gießen Sie Ihre Kräuter mäßig und bei längerer Trockenheit regelmäßig.

ren Blätter vorsichtig abgezupft. Man sollte nur solche Triebe verwenden, die noch keine Blütenknospen angesetzt haben. Die Stecklinge anschließend in einen Topf mit sandiger Erde stecken, gut feucht halten und bis zum Anwachsen eine durchsichtige Plastiktüte oder eine spezielle Glashaube (Cloche) darüber stülpen. Sobald die Stecklinge angewachsen sind, die Folie oder den Deckel allmählich entfernen - zum Lüften - und die Pflanzen an einen helleren Platz stellen.

Den Wurzelstock teilen

Pfefferminze, Wermut, Thymian, Baldrian und Zitronenmelisse entwickeln mit der Zeit einen mächtigen Wurzelstock. Dieser sollte von Zeit zu Zeit geteilt werden. Vor dem Austreiben im Frühjahr oder im späten Herbst nach dem Welken der Blätter wird dazu zunächst mit der Grabegabel die ganze Pflanze aus der Erde gehoben. Mit dem Spaten wird der Wurzelballen sodann halbiert, gedrittelt oder geviertelt. Die Teilstücke sollten Sie sofort wieder in frische Erde einpflanzen und gut angießen. Durch regelmäßiges Teilen bleiben die Pflanzen lange schön und wuchskräftig. Standortwechsel alle zwei bis drei Jahre wirken vorbeugend gegen eine allmähliche Bodenmüdigkeit.

DER PERFEKTE SCHNITT

Lavendel, Rosmarin, Salbei und Thymian verholzen vom Boden her stark und neigen dann dazu auseinander zu brechen. Der jährliche Frühjahrsschnitt muss deshalb noch innerhalb der belaubten Zone stattfinden. Schneidet man in den verholzten, kahlen Bereich, so wachsen keine neuen Triebe nach und die Sträucher sterben allmählich ab. Alternativ können Sie Lavendel, Salbei und Thymian im Frühsommer nach der Blüte zurückschneiden.

Johanniskraut, Melisse oder Pfefferminze sollten Sie dagegen im Herbst fast bis zum Boden zurückschneiden. Diese Stauden regenerieren sich im nächsten Frühjahr aus ihrem Wurzelstock heraus.

PFLEGEN UND ÜBERWINTERN

Richtig gießen

Gießen Sie Ihre Kräuter - vor allem die „Südländer" - eher wenig und dafür regelmäßig. Ein separater Wasseranschluss im Garten oder eine gut gefüllte Regenwassertonne erleichtern die Bewässerung. Extreme Hitzewellen im Hochsommer machen unter Umständen auch zwei Gießgänge notwendig - früh morgens und eventuell am späteren Abend. Man sollte nie in der Mittagshitze gießen. Vermeiden Sie bei Ihren Topfkräutern unbedingt Staunässe, das vertragen diese nämlich überhaupt nicht!

Nur wenig düngen

Normalerweise brauchen Kräuter- und Arzneipflanzen weniger Nährstoffe als typische Zierpflanzen oder bestimmte Gemüsearten. Für den Anbau von Heil- und Würzkräutern im eigenen Garten reicht daher in der Regel Kompost zur Grunddüngung aus. Kompostwasser oder Kompost-Tee, ein universell einsetzbarer Flüssigdünger, lässt sich durch Verrühren einer Schaufel voll reifem Kompost in einem Eimer Wasser (10 Liter) bei Bedarf leicht zubereiten.

Zur Stärkung der Pflanzen und zum Schutz vor Pilzbefall sollte das Kräuterbeet im Frühjahr vor Beginn der Wachstumsperiode mit so genanntem Schachtelhalm-Tee gespritzt werden. Die Pflanzen können von Zeit zu Zeit auch direkt damit gegossen werden (siehe Tipp Seite 54).

Kräuter zurückschneiden

Blattkräuter werden gleich nach der Ernte in den Sommermonaten kräftig zurückgeschnitten, Stauden und

Zurückschneiden der Kräuterstauden im Herbst

Nützlicher Blattlaus-Fresser: der Marienkäfer

Raupe des Kleinen Fuchses auf Brennnesselblatt

Sträucher mit stark verholzten Zweigen sollten jedoch erst im folgenden Frühjahr ausgelichtet werden. Für frostempfindliche Stauden wie Lavendel, Salbei, Rosmarin ist der Winterschnitt grundsätzlich ausgeschlossen. Schneiden Sie diese frostempfindlichen Stauden erst Ende April zurück – in kälteren Lagen sogar lieber erst im Mai.

TIPP: Schachtelhalm-Absud zur Kräftigung von Boden und Pflanzen verhindert oder mildert Pilzbefall. Dieser „Tee“ kann im Frühjahr zur Bodenvorbereitung und in der Vegetationszeit ab Mai auch vorbeugend eingesetzt werden. Zum Gießen oder Spritzen werden etwa 100 g getrocknetes Schachtelhalmkraut mit 5 Litern Wasser angesetzt und über 24 Stunden stehen gelassen. Danach sollte der Ansatz mindestens 30 Minuten lang kochen, damit sich die Kieselsäure vollständig herauslöst. Vor dem Gebrauch gut abkühlen lassen.

Topfpflanzen kommen ins Winterquartier

Heilkräuter, die in Topfkultur gehalten werden, sollten im Spätsommer nur noch mäßig gewässert und im Spätherbst rechtzeitig zum Überwintern ins Haus geholt werden. Dabei gilt: Wärme liebende Mittelmeerpflanzen verbringen die kalte Jahreszeit am besten in einem hellen, ungeheizten Raum. Sie sollten dort weiterhin sparsam gegossen werden. Stark wachsende Topfkräuter mit Wurzelstock wie Zitronenmelisse, Pfefferminze oder Baldrian werden im November nochmals zurückgeschnitten und dann bis April dunkel und frostfrei untergestellt.

Pflanzenschutz im Kräuteranbau

Wenn Kräuter trotz ihrer an sich robusteren Natur einmal von Krankheiten wie **Mehltau** oder **Rost** befallen werden, hilft am ehesten sofortiges und rigoroses Zurückschneiden. So können die Pflanzen (zum Beispiel Pfefferminze oder Melisse) wieder gesund und kräftig austreiben.

TIPP: Schützen Sie Ihre Kräuterkulturen im Winter durch Anhäufeln mit Rindenmulch und einer Schutzdecke aus Tannenreisig gegen eisige Winde und strengen Frost.

Blattläuse und **Weiße Fliegen** können mit Hilfe leimbestrichener Gelbtafeln dezimiert werden. Außerdem kann man auf die bewährten Kräutertees und Kräuterjauchen zurückgreifen, mit denen sich beachtliche Erfolge erzielen lassen: Mit selbst angesetzter Brennnesselbrühe können Sie einer Blattlausplage Herr werden, mit Wermut-Tee vertreibt man Erdflöhe und ein Absud aus Rainfarn hilft gegen Spinnmilben und gegen Erdflöhe. Schachtelhalm-Tee ist wirksam bei Pilzbefall (Mehltau und Rost).

Nützlinge unterstützen

Bei einem leichten Schädlingsbefall sollte man zunächst einmal auf die Kraft der Nützlinge setzen. Denn Florfliegen, Marienkäfer, Schwebfliegen und Ohrwürmer halten Blattläuse, Raub- und Spinnmilben normalerweise zuverlässig in Schach. Um diesen Helfern Unterschlupf und die notwendigen Futterquellen zu bieten, sollten Sie einige der folgenden Pflanzen in Ihrem Heilkräutergarten anbauen und dort teilweise auch bis nach der Blüte stehen lassen: Boretsch, Dill, Engelwurz, Estragon, Fenchel, Kümmel, Lavendel, Majoran, Meerrettich, Petersilie, Pfefferminze, Salbei, Senf, Thymian, Zitronenmelisse.

Zusätzlich sollten Sie Ihre Pflanzbeete besonders im Frühjahr und im Frühsommer aufmerksam beobachten, damit Sie gefräßige Schnecken und Raupen rechtzeitig entdecken und durch Absammeln unschädlich machen können. Auch Schadinsekten wie der Rüsselkäfer lassen sich so unter Umständen anhand verräterischer Fraßspuren frühzeitig aufspüren.

Rosmarin muss rechtzeitig ins Winterquartier.

Kräuter trocknen hängend im Schatten.

KRÄUTER VERARBEITEN

Die Kräuterernte

Für die Verwendung in der Küche eignen sich Blattkräuter am besten frisch aus dem Garten. Dazu werden immer wieder einzelne Blätter oder kleine Zweige abgeschnitten.
Zur Verlängerung der Erntezeit für frische Kräuter können die Beete im Spätherbst mit Vlies oder Folie abgedeckt werden.
Zum Trocknen größerer Mengen für Tee und zur Einlagerung als Wintervorrat sollte der richtige Erntezeitpunkt abgewartet werden. In der Regel enthalten Heilkräuter kurz vor der Blüte den höchsten Wirkstoffgehalt. Schon am frühen Vormittag erntet man ganze Stiele von Thymian, Pfefferminze, Salbei oder Zitronenmelisse und hängt sie an einem schattigen und luftigen Ort zum Trocknen auf. Die Ernte von Ringelblume, Sonnenhut, Malve, Kamille oder Johanniskraut erfolgt dagegen am besten um die Mittagszeit herum, sobald sich die Blüten vollständig geöffnet haben. Reife Fruchtdolden von Fenchel, Anis, Koriander oder Kümmel werden morgens abgeschnitten und vorsichtig zum Trocknen aufgehängt (Leintuch unterlegen). Die schwarzen Beeren des Holunders, Wacholderbeeren oder Hagebutten sammelt man im Frühherbst ebenfalls schon am Morgen. Anschließend kann das Erntegut gleich zu Saft und Gelee weiterverarbeitet werden oder man breitet die Beeren aus zum Trocknen.

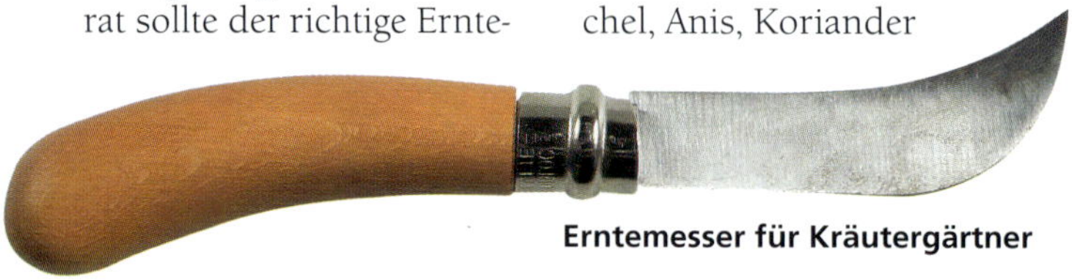

Erntemesser für Kräutergärtner

PFLANZENTEILE, DIE SICH ZUM TROCKNEN EIGNEN

Blüten: Arnika, Holunder, Hopfen, Kamille, Lavendel, Linde, Mädesüß, Malve, Ringelblume (voll geöffnete Blüten)

Samen: Anis, Fenchel, Kümmel, Kürbis, Lein

Wurzelstücke: Baldrian, Echter Eibisch, Engelwurz, Löwenzahn

Blätter: Malve, Melisse, Pfefferminze, Rosmarin, Salbei, Thymian, Weinraute

Junge Blätter: Birke, Brennnessel, Löwenzahn

Früchte: Heckenrose (Hagebutten), Mariendistel, Wacholder (Beeren)

Zwiebeln: Knoblauch

Ganzes Kraut: Löwenzahn, Schachtelhalm (grüne Sommersprosse), Schafgarbe, Spitzwegerich

Triebspitzen: Rosmarin

Pfefferminzblätter auf Trockengestell

Die Wurzeln von Eibisch, Engelwurz oder Baldrian werden erst im November bei möglichst trockener Witterung ausgegraben, geschnitten, gewaschen und rasch getrocknet.

Trocknen und lagern

Wie schon erwähnt, werden Blatt- und Samenkräuter in der Regel zu lockeren Sträußen zusammengebunden und hängend getrocknet. Sobald die Blätter rascheldürr sind, werden diese vorsichtig abgestreift und in dicht schließende Dosen oder braune Glasbehälter gefüllt.
Samenfrüchte wie Fenchel werden, sobald die Büschel durchgetrocknet sind, ausgedroschen und mit einem untergelegten Leintuch aufgefangen. Sie können nun in Schraubgläsern, Porzellangefäßen oder Blechdosen aufbewahrt werden. Die eingelagerten Kräutervorräte und Teedrogen sollten möglichst innerhalb eines Jahres aufgebraucht werden.
Wer einen elektrischen Dörrapparat besitzt, kann diesen zum wetterunabhängigen Trocknen von Blättern, Wurzeln oder Beeren nutzen. Die maximale Temperatur sollte dabei in der Regel nicht wesentlich über 35 °C liegen.

TEE RICHTIG ZUBEREITEN

Aufguss (Infus): Blätter, Blüten und Samen (mit ätherischem Öl) mit kochenden Wasser übergießen und ziehen lassen.

Abkochung (Decoct): Hölzer, Rinden und Wurzeln mit schwer löslichen Bestandteilen mit Wasser aufkochen

Kaltauszug (Mazerat): Schleimhaltige Drogen mehrere Stunden im kalten Wasser stehen lassen.

Frische Kräuter sollten rasch verarbeitet werden.

ARBEITSKALENDER – DER KRÄUTERGARTEN IM JAHRESVERLAUF

Januar

- Nutzen Sie die langen Abende zu Hause im Warmen und schmieden Sie Pläne für das kommende Kräutergartenjahr.
- Testen Sie die Keimfähigkeit Ihrer alten Saatgutvorräte.
- Nicht vergessen, Topfpflanzen wie Salbei im Winterlager sparsam zu gießen und auf Schädlinge zu untersuchen.
- Vitamine bringen „auf der Fensterbank" ausgesäte Keimsprossen.

Februar

- Jetzt können Sie beginnen, den Boden in den Beeten vorzubereiten. Wenn eine frostfreie Witterung herrscht, Mulch- und Laubdecken entfernen, Erde flach auflockern.
- Aussaat in Schalen oder Minigewächshäusern zur Vorkultur von Jungpflanzen auf der Fensterbank. Ab und zu die Pflänzchen bei warmer Witterung stundenweise ins Freie stellen.

März

- Nach einer Bestandsaufnahme im Garten, bei der es darum geht, die im Winter eingegangenen Pflanzen zu registrieren, den im Januar/Februar entstandenen Gartenplan falls nötig korrigieren.
- Verholzte Kräuter zurückschneiden und kranke, abgestorbene Teile entfernen.
- Kontrollieren Sie weitere Winterschäden in Ihrem Garten und bessern Sie diese aus.
- Den Boden oberflächlich lockern und dabei die ersten Unkräuter entfernen. Kompost und andere organische Dünger einarbeiten.
- Steckzwiebeln und Knoblauch im Freiland stecken.
- Topfwaren von Zitronenmelisse, Thymian, Salbei, Rosmarin und Pfefferminze an einem trüben Tag auspflanzen. Zuvor die Pflanzen langsam an die Sonne gewöhnen, damit sie später keine Verbrennungen an den Blättern erleiden.
- Ringelblumen, Baldrian, Kamille, Johanniskraut und Lein ins Freiland aussäen – eventuell mit Folie oder Vlies vor Spätfrösten schützen.

April

- Schützen Sie Ihre Pflanzen, die unter einer Folie oder einem Vlies sitzen, vor den gefräßigen Schnecken.
- Wenn Sie einen Kräutergarten neu anlegen wollen, ist jetzt die Hauptpflanzzeit.
- An warmen Tagen können überwinterte Topfpflanzen zum Abhärten ins Freie gestellt werden – abends wieder einräumen.
- Zudem können Kübel und Tröge neu mit Kräutern bepflanzt werden.

Mai

- Schachtelhalm-Tee (siehe Seite 54) und Brennnesselpräparate können jetzt eingesetzt werden.
- Wenn der Boden sich erwärmt hat, können Sie den Sommermulch etwa 2–4 cm dick ausbringen.
- Ab Mitte des Monats können Sie alle kälteempfindlichen Stauden und die vorgezogenen Jungpflanzen der einjährigen Kräuter draußen einpflanzen.
- Im Haus überwinterte Topfpflanzen wie Rosmarin können – spätestens nach den Eisheiligen – wieder nach draußen ins Land gesetzt werden.

Juni

- Bei der Zitronenmelisse die Blätter und die Triebe ernten und die Pflanze dann zurückschneiden, bevor sie Blüten entwickelt.
- Pflegearbeiten wie Unkrautbekämpfen oder Pflanzenschutz stehen jetzt an.
- Des weiteren finden Folgeaussaaten bei Kräutern statt.
- Ab jetzt Blüten von Arnika ernten.
- Von den mehrjährigen Kräutern wie Lavendel, Salbei, Rosmarin oder Thymian lassen sich Stecklinge ziehen.

Juli

- Blattkräuter wie Zitronenmelisse, Thymian oder auch Salbei vor der Blüte ernten und die Blätter zum Trocknen an einen luftigen und schattigen Ort hängen.
- Stecklinge von Rosmarin, Lavendel, Salbei, Ysop und Thymian schneiden.
- Samenkräuter wie Anis, Kümmel und Koriander reifen teilweise schon aus – ihre Samenstände sind dann erntereif.
- Auch für Lavendel, Ringelblumen oder Johanniskraut ist jetzt der richtige Erntezeitpunkt.

August

- Im August ist die Haupterntezeit der Kräuter. Sie sollten die Blattkräuter ernten, solange sie nicht blühen.
- Die Ernte von Lavendel abschließen und diesen kräftig zurückschneiden.
- Auch bei den Samenkräutern Dill, Koriander und Anis die Ernte beenden.
- Bei anhaltender Trockenheit sollten Sie ans Gießen denken – eventuell auch zweimal am Tag. Wenn Sie des Öfteren eine neue Mulchschicht zwischen den Pflanzen ausbringen, können Sie Wasser sparen.
- Vor dem Urlaub sollten alle erntefähigen Kräuter geerntet werden. Machen Sie eine Person Ihres Vertrauens mit den notwendigen Pflegearbeiten vertraut, die während Ihrer Abwesenheit durchzuführen sind.
- Wer jetzt Knoblauch steckt, kann bereits im Frühjahr mit kräftigen Knollen rechnen.

September

- Robuste mehrjährige Kräuter kann man ab der Monatsmitte pflanzen bzw. teilen und dann umsetzen.
- Die Wurzelkräuter nochmals ernten bevor das Laub einzieht.

Oktober

- Jetzt werden alle Erntearbeiten weitestgehend abgeschlossen.
- Bei robusten Kräuterstauden wie Pfefferminze und Zitronenmelisse kann man noch Blätter ernten.
- Bis zum Ende des Monats sollten alle Flächen, die Sie abräumen wollen, geleert, die Ernterückstände eingearbeitet und die umzugrabenden Böden fertig sein.

November

- Aufräumarbeiten haben jetzt Hochsaison: Gartenschläuche aufräumen und zuvor wie auch Wasserleitungen im Freien entleeren und entlüften. Das Wasser aus den Regentonnen leeren.
- Waschen Sie Ihre Gartengeräte vor dem Einwintern gründlich ab. Dann sollten Sie diese trocknen und zum Schluss mit einem Ölläppchen abreiben, damit sie keinen Rost ansetzen.
- Schützen Sie die Beete mit einer dicken Mulchschicht.
- Stark wachsende Topfkräuter wie Zitronenmelisse, Pfefferminze oder Baldrian zurückschneiden und bis April frostfrei und dunkel überwintern.
- Da es jetzt schon kalt werden kann, die verbleibenden Arten auf den Kräuterbeeten zur Ernteverlängerung mit einem Vlies oder einer Folie abdecken.

Dezember

- In kalten Lagen empfindliche Pflanzen wie Rosmarin aus dem Boden nehmen und in ein frostsicheres aber helles Winterquartier räumen.
- Nun ist die beste Zeit, einmal wieder gemütlich in Büchern und Gartenzeitschriften zu blättern, Wunschlisten fürs nächste Jahr zu erstellen und neue Ideen zu sammeln.
- Nun gilt es, die Beete fürs nächste Jahr vorzubereiten und aufzulockern.
- Überprüfen Sie ab und an bei einem Kontrollrundgang die Winterfestigkeit des Gartens.

KOSMOS-BÜCHERTIPPS

Aichele, D. u. **Golte-Bechtle, M.**: Das neue Was blüht denn da? 1994.
Bickel, G.: Mein Kräuterhexenwissen. 1997.
Braun-Bernhart, U.: Kräuter für Balkon und Terrasse. 1998.
Fröhlich, H.H.: Sebastian Kneipps Kräuter- und Naturgarten. 2001.
Kremer, B.P.: Heilpflanzen. 2000.
Romain, E. u Hawkey, S.: Kräuter für die Gesundheit. 1996.
Seitz, P.: Kräutergarten. 2. Aufl. 2001
Seitz, P.: Küchenkräuter anbauen, ernten, verwenden. 2000.

ADRESSEN

KNEIPP infoline: KNEIPP WERKE
Steinbachtal 23,
97082 Würzburg
Tel. 0180-500-1821;
Fax 0180-500-1897
E-Mail: info@kneipp.de
homepage: www.kneipp.de

Kneipp Bund e.V. Bundesverband für Gesundheitsförderung
Adolf Scholz Allee,
86825 Bad Wörishofen
Tel.: 08247-30020;
Fax: 08247-3002-199
E-Mail:
bundesverband@kneipp-bund.de
Internet:
www.kneippbund.de

Kurverwaltung
Bad Wörishofen
Postfach 1443,
86825 Bad Wörishofen
Tel.: 08247-96900
E-Mail:
info@bad-woerishofen.de
Internet:
www.bad-woerishofen.de

Sebastian Kneipp Institut GmbH
Kneippstraße 2
86852 Bad Wörishofen
Tel.: 08247-962950
Internet:
www.kneipp-institut.de

BEZUGSQUELLEN

Kräuter (Samen und Jungpflanzen), Gartengeräte, Pflegemittel und weiteres Zubehör bekommen Sie im örtlichen Fachhandel (Gärtnereien, Gartencenter, Baumärkte etc.). Sie finden die Adressen in Ihrem Branchenfernsprechbuch.
In einschlägigen Gartenzeitschriften können Sie sich über das Angebot von Pflanzenversendern und speziellen Anbietern informieren.

REGISTER

Fett gedruckte Seitenzahlen weisen auf Abbildungen hin.

In diesem Buch werden Hinweise zur Naturheilkunde gegeben. Nur auf die beschriebenen Arten trifft die angegebene Verwendung zu, ihr Gebrauch setzt daher ihre sichere Kenntnis voraus.
Heilpflanzentees sollten immer nur beschränkte Zeit und nicht länger als nötig eingenommen werden. Behandelt werden dürfen nur leichtere Gesundheitsstörungen, die keiner ärztlichen Behandlung bedürfen. Bei neu auftretenden, länger anhaltenden, stärkeren Beschwerden und bei Befindlichkeitsstörungen, die Sie sich nicht erklären können, sollten Sie unbedingt einen Arzt aufsuchen. Besondere Vorsicht ist während der Schwangerschaft und Stillzeit, bei Säuglingen und Kleinkindern angebracht. Den Arztbesuch kann dieses Buch auf keinen Fall ersetzen.

IMPRESSUM

Umschlaggestaltung von eStudio Calamar, Spanien
Umschlagvorderseite: Foto von Clive Nichols Garden Pictures, England/Design Piet Oudolf, Holland.
Umschlagrückseite: mit drei Fotos von Bildarchiv Laux (oben), Werner Hilpert, Würzburg (Mitte), Ralf Roppelt, Sahara-Werbeagentur (unten).
Klappe außen: mit vier Fotos von Hans Horst Fröhlich (Autorenbild), Bildarchiv Laux (ore), Werner Hilpert (Mitte), Ralf Roppelt, Sahara-Werbeagentur (ure).
Klappe innen: Zeichnung von Ruth Fritzsche.

Die Deutsche Bibliothek – CIP-Einheitsaufnahme
Ein Titelsatz für dies Publikation ist bei der Deutschen Bibliothek erhältlich

Mit 90 Farbfotos, 8 Farbzeichnungen.
Gedruckt auf chlorfrei gebleichtem Papier.

ISBN 3-440-09156-2
Redaktion und Bildredaktion: Christiane Theis
Zusammenstellung und redaktionelle Bearbeitung: Norbert Fasching, Gärtringen
Grundlayout: Atelier Reichert, Stuttgart
Gestaltung: Guido Schlaich, München
Produktion: Ralf Paucke / Kirsten Raue
Satz: Atelier Krohmer, Dettingen/Erms
Reproduktion: Master Image, Singapur
Druck und Bindung: Westermann Druck Zwickau GmbH, Zwickau
Printed in Germany / Imprimé en Allemagne

BILDNACHWEIS

Mit 82 Farbfotos von:
Hans Horst Fröhlich, Bad Wörishofen (S. 1 re, 3, 4, 5 o, 8, 9, 11 u, 13 u, 14 o, 17 beide, 31 beide, 33, 44 oli, 45, 63 beide);
GartenBildAgentur, Au/Hallertau (S. 2 o, 6 o, 18, 39, 53 ure, 57 ure);
Bildarchiv Laux, Biberach/Riß (S. 1 li, 2 u, 11 ore, 12, 13 o, 14 u, 19 beide, 20 beide, 21 uli, 22, 23 ore, 24, 25 uli, 26, 28/29, 29 ore, 30, 32 ore, 34, 35, 36 li, 38, 39 re, 40, 41 beide, 44 ure);
Manfred Pforr, Langenpreising (S. 23 uli);
Wolfgang Redeleit, Bienenbüttel (S. 16, 28 u, 48/49);
Reinhard-Tierfoto, Heiligkreuzsteinach (S. 1 Mitte, 10/11, 15, 21 ore, 25 ore, 37, 39 li, 42, 46 beide, 54 beide, 55 uli, 56 o, 57oli);
Ralf Roppelt, Sahara-Werbeagentur, Stuttgart (S. 5 u, 6/7, 7 o, 32 oli, 47, 55 ore, 56 u);
Friedrich Strauß, Au/Hallertau (S. 36 re, 52/53 o, 58/59).

Mit 7 Farbzeichnungen von:
Ruth Fritzsche, Partenstein bei Grimma (S. 8);
Horst Lünser, Berlin (S. 50 drei, 51 drei).

Alle Angaben in diesem Buch sind sorgfältig geprüft und geben den neuesten Wissensstand bei der Veröffentlichung wieder. Da sich das Wissen aber laufend und in rascher Folge weiterentwickelt und vergrößert, muss jeder Anwender prüfen, ob die Angaben nicht durch neuere Erkenntnisse überholt sind. Dazu muss er zum Beispiel Beipackzettel lesen und genau befolgen, sowie Gebrauchsanweisungen und Gesetze beachten.

Extra

KNEIPPSCHE HEILPFLANZEN – ERNTE- UND SAMMELKALENDER	
Name	**Was wird wann geerntet? (Drogenname)**
Arnika	Blüten: Juni bis August *(Arnicae flos)*
Artischocke	Stängelblätter: Juli bis September *(Cynarae folium)*, Grundblätter und Kraut
Baldrian	Wurzeln: September bis Oktober *(Valerianae radix)*
Birke	junge Blätter: im Frühjahr *(Betulae folium)*
Brennnessel	junge Blätter und Kraut: im Frühjahr, bis zur Blüte *(Urticae herba)*
Fenchel	Samen: im Spätsommer des zweiten Jahres *(Foeniculi fructus)*
Heckenrose	Früchte: ab August *(Rosae pseudofructus)*
Holunder	Blüten: Juli; Beeren: September bis Oktober *(Sambuci flos)*
Johanniskraut	Kraut und Blüten: ab Juni *(Hyperici herba)*
Kamille	Blüten: Juni bis August *(Matricariae flos)*
Knoblauch	Zwiebel: im Herbst, nach Abwelken des Laubes *(Allii sativi bulbus)*
Kürbis	Samen: September bis Oktober *(Cucurbitae semen)*
Lavendel	Blütentriebe: im Sommer, direkt nach dem Öffnen der Blüten *(Lavandulae flos)*
Lein	Leinsamen: im Herbst, wenn die Samen in den Schalen rascheln *(Lini semen)*
Linde	Blüten: ab Mitte Juni *(Tiliae flos)*
Löwenzahn	Wurzeln samt Kraut: im Herbst *(Taraxi radix cum herba)*
Malve	Blüten und Blätter: Juni bis September *(Malvae flos, Malvae folium)*
Melisse	Blätter: ab Ende Juni, kurz vor der Blüte *(Melissae folium)*
Pfefferminze	Blätter: ab Juni vor der Blüte *(Mentae piperitae folium)*
Purpursonnenhut	Kraut: nach dem Aufblühen im August *(Echinaceae purpureae herba)*
Ringelblume	Blüten: Juni bis Oktober *(Calendulae flos)*
Rosmarin	Blättchen: ganzjährig, optimal von Juni bis August *(Rosmarini folium)*
Salbei	Blätter: Mai bis Juli *(Salviae folium)*
Schafgarbe	Kraut: Mai bis Oktober / Blüten: Juni bis Oktober *(Millefolii herba)*
Schlüsselblume	Wurzeln: März bis Mai oder im Oktober Mai *(Primulae radix);* Blüten: ab April *(Primulae flos)*
Spitzwegerich	Kraut: im Sommer, vor und während der Blütezeit *(Plantaginis lanceolatae herba)*
Tausendgülden-kraut	Kraut: den Sommer über *(Centaurii herba)*
Thymian	Kraut: ganzjährig, optimal im Mai *(Thymi herba)*
Wacholder	Früchte: im Herbst *(Juniperi fructus)*
Weißdorn	Blüten: Mai bis Juni; Früchte: August bis Oktober; Blätter nach ihrer Entfaltung *(Crataegi folium cum flore)*
Wermut	obere Sprossteile und Laubblätter: Mai bis September *(Absinthii herba)*

Extra

BEFINDLICHKEITSSTÖRUNGEN UND DAFÜR EMPFOHLENE HEILPFLANZEN

Befindlichkeitsstörung	Heilpflanze (► hier finden Sie weitere Informationen)
Abwehrschwäche	Purpursonnenhut (► S.22)
Appetitlosigkeit	Artischocke (► S.21), Löwenzahn (► S.41), Tausendgüldenkraut (► S.18), Wermut (► S.15)
Arteriosklerose	Artischocke (► S.21), Knoblauch (► S.12)
Blähungen, Völlegefühl	Fenchel (► S.24), Lavendel (► S.28)
Durchblutungsstörungen	Ginkgo (► S.24)
Entwässerung, Durchspülung	Birke (► S.16), Brennnessel (► S.43), Heckenrose (► S.36), Schachtelhalm (► S.23), Wacholder (► S.27),
Erkältung, Bronchitis	Holunder (► S.39), Kamille (► S.30), Linde (► S.42), Mädesüß (► S.23), Purpursonnenhut (► S.22), Thymian (► S.41)
Galle-, Leber-beschwerden	Artischocke (► S.21), Löwenzahn (► S.41), Mariendistel (► S.40), Pfefferminze (► S.32), Tausendgüldenkraut (► S.18)
Hautentzündung	Arnika (► S.14), Johanniskraut (► S.26), Kamille (► S.30), Nachtkerze (► S.33), Ringelblume (► S.17), Schachtelhalm (► S.22), Schafgarbe (► S.11)
Herz-, Kreislauf-beschwerden	Rosmarin (► S.37), Weißdorn (► S.18)
Husten	Eibisch (► S.12), Fenchel (► S.24), Mädesüß (► S.23), Malve (► S.29), Schlüsselblume (► S.35), Spitzwegerich (► S.34), Thymian (► S.41)
Insektenstiche	Arnika (► S.14), Spitzwegerich (► S.34)
Kopfschmerzen, Migräne	Mädesüß (► S.23), Pfefferminze (► S.32)
Magen-Darm-Beschwerden	Engelwurz (► S.13), Fenchel (► S.24), Kamille (► S.30), Melisse (► S.31) Schafgarbe (► S.11), Tausendgüldenkraut (► S.18), Wermut (► S.15)
Mund-, Rachenraum, Entzündung	Eibisch (► S.12), Kamille (► S.30), Ringelblume (► S.17), Salbei (► S.38)
Prostatabeschwerden, Reizblase	Birke (► S.16), Brennnessel (► S.43), Kürbis (► S.20)
Rheuma, Gelenk-schmerzen	Arnika (► S.14), Birke (► S.16), Brennnessel (► S.43), Heublumen (► S.45), Mädesüß (► S.23), Pfefferminze (► S.32), Wacholder (► S.27)
Schlafstörungen, Nervosität	Baldrian (► S.44), Hopfen (► S.25), Lavendel (► S.28), Melisse (► S.31)
Venöse Beschwerden	Arnika (► S.14)
Verdauungsbeschwerden	Artischocke (► S.21), Holunder (► S.39), Lein (► S.28), Mariendistel (► S.40), Tausendgüldenkraut (► S.18), Wacholder (► S.27), Wermut (► S.15)
Verstimmung, depressive	Johanniskraut (► S.26)
Verstopfung	Lein (► S.29)
Wundheilung, schlechte	Johanniskraut (► S.26), Kamille (► S.30), Purpursonnenhut (► S.22), Ringelblume (► S.17), Schachtelhalm (► S.22)